OMPDRAILLES

le

Tombeau-des-Lutteurs

par

Léon Cladel

avec 16 eaux-fortes hors texte & 7 dans le texte

par

RODOLPHE JULIAN

Paris

A. CINQUALBRE, Éditeur

54, rue des Écoles, 54.

M DCCC LXXIX

OMPDRAILLES

le

Tombeau-des-Lutteurs

Œuvres de Leon Cladel

Les Martyrs ridicules.
Le Bouscassié.
La Fête votive de Saint-Bartholomée Porte-Glaive.
Les Va-Nu-Pieds.
L'Homme de la Croix-aux-Bœufs.
Petits Cahiers de Léon Cladel.
Bonshommes.
Ompdrailles le Tombeau-des-Lutteurs.

Sous presse :

Crête-Rouge. — N'a-Qu'un-Œil.

En préparation : Paris en Travail.

Il a été tiré de cet ouvrage :

25 exemplaires sur papier Japon.
    dont 15 avec planches en noir.
        5   —   en sanguine.
        5   —   avec suite noire et sanguine.

30 exemplaires sur papier Wathmann.
    dont 15 avec planches en noir.
        5   —   en sanguine.
        5   —   avec suite noire et sanguine.

OMPDRAILLES

le

Tombeau-des-Lutteurs

par

Léon Cladel

avec 16 eaux-fortes hors texte & 7 dans le texte

par

RODOLPHE JULIAN

Paris

A. CINQUALBRE, Editeur
54, rue des Écoles, 54.

M D CCC LXXIX

ΟΜΗΡΟΣ

..... *Je vainquis au pugilat Klydomèdeus, fils d'Enops; à la lutte, Agkaios le pleuronien qui se leva contre moi. Je courus plus vite que le brave Iphiklos; je triomphai, au combat de la lance, de Phyleus & de Polydôron; mais, à la course des chars, par leur nombre, les Aktoriônes remportèrent la victoire, & ils m'enlevèrent ainsi les plus beaux prix. Car ils étaient deux: & l'un tenait fermement* les rênes, & l'autre le fouet. Tel j'étais autrefois, & maintenaut de plus jeunes accomplissent ces travaux, & il me faut obéir à la triste vieillesse ; mais, alors, j'excellais parmi les héros. Va ! continue par d'autres combats les funérailles de ton compagnon.....

..... Nestôr parla ainsi, & le Pèléide déposa les prix pour le rude combat des poings. Et il amena dans l'enceinte, & il lia de ses mains une mule laborieuse, de six ans, indomptée & presque indomptable ; & il déposa une coupe ronde pour le vaincu. Et, debout, il dit au milieu des Argiens :

— Atréides, & vous Akhaiens aux belles knémides, j'appelle, pour disputer ces prix, deux hommes vigoureux à se frapper de leurs poings levés. Que tous les Akhaiens le sachent, celui à qui Apollôn donnera la victoire, conduira dans sa tente cette mule patiente, & le vaincu emportera cette coupe ronde.

Il parla ainsi, & aussitôt un homme vigoureux & grand se leva, Epéios, fils de Panopeus, habile au combat du poing. Il saisit la mule laborieuse & dit :

— Qu'il vienne, celui qui veut emporter cette coupe, car je ne pense pas qu'aucun des Akhaiens puisse emmener cette mule, m'ayant vaincu par le poing ; car, en cela, je me glorifie de l'emporter sur tous. N'est-ce point assez que je sois inférieur dans le combat ? Aucun homme ne peut exceller en toutes choses. Mais, je le dis, & ma parole s'accomplira : je briserai le corps de mon adversaire & je romprai ses os. Que ses amis s'assemblent ici en grand nombre pour l'emporter, quand il sera tombé sous mes mains.

Il parla ainsi, & tous restèrent muets. Et le seul Euryalos se leva, homme illustre, fils du roi Mèkisteus Talionide, qui, autrefois, alla dans Thèbè aux funérailles d'Oidipous, & qui l'emporta sur tous les Kadméiônes. Et l'illustre Tydéide s'empressait autour d'Euryalos, l'animant de ses paroles, car il lui souhaitait la victoire. Et il lui mit d'abord une ceinture, & il l'arma de courroies faites du cuir d'un bœuf sauvage.

Puis les deux combattants s'avancèrent au milieu de l'enceinte. Et tous deux, levant à la fois leurs mains vigoureuses, se frappèrent à la fois, en mêlant leurs poings lourds. Et on entendait le bruit des mâchoires frappées ; & la sueur coulait chaude de tous leurs membres. Mais le divin Epéios, se ruant en avant, frappa de tous les côtés la face d'Euryalos, qui ne put résister plus longtemps & dont les membres défaillirent.

De même que le poisson qui est jeté, par le souffle furieux de Boréas, dans les algues du bord, & que l'eau noire ressaisit ; de même Euryalos frappé bondit. Mais le magnanime Epeios le releva lui-même, & ses chers compagnons, l'entourant, l'emmenèrent à travers l'assemblée, les pieds traînants, vomissant un sang épais, & la tête penchée. Et ils l'emmenaient ainsi, en le soutenant, & ils emportèrent aussi la coupe ronde.

Et le Pèléide déposa les prix de la lutte difficile devant les Danaens : un grand trépied fait pour le feu, & destiné au vainqueur, & que les Akhaiens, entre eux, estimèrent du prix de douze bœufs ; &, pour le vaincu, une femme habile aux travaux & valant quatre bœufs. Et le Pèléide, debout, dit au milieu des Argiens :

— Qu'ils se lèvent, ceux qui osent combattre pour ce prix.

Il parla ainsi, & aussitôt le grand Télamonien Aias se leva ; & le sage Odysseus, plein de ruses, se leva aussi. Et tous deux, s'étant munis de ceintures, descendirent dans l'enceinte & se saisirent de leurs mains vigoureuses, tels que deux poutres qu'un habile charpentier unit au sommet d'une maison pour résister à la violence du vent. Ainsi leurs reins, sous leurs mains vigoureuses, craquèrent avec force, & leur sueur coula abondamment, & d'épaisses tumeurs, rouges de sang, s'élevèrent sur leurs flancs & leurs épaules. Et tous deux désiraient ardemment la victoire & le trépied qui en était le prix, mais Odysseus ne pouvait ébranler Aias, & Aias ne pouvait ébranler Odysseus. Et déjà ils fatiguaient l'attente des Akhaiens aux belles knémides; mais le grand Télamonien Aias dit alors à Odysseus :

— Divin Laertiade, très sage Odysseus, enlève-moi, ou je t'enlèverai, & Zeus fera le reste.

Il parla ainsi, & il l'enleva; mais Odysseus n'oublia point ses ruses, &, le frappant du pied sur le jarret, il fit ployer ses membres, &, le renversant, tomba sur lui. Et les peuples étonnés les admiraient. Alors le divin & patient Odysseus voulut à son tour enlever Aias; mais il le souleva à peine, & ses genoux ployèrent, & tous deux tombèrent côte à côte, & ils furent souillés de poussière. Et, comme ils se relevaient une *vj*

troisième fois, Akhilleus se leva lui-même & les retint :
— Ne combattez pas plus longtemps, & ne vous épuisez pas. La victoire est à tous deux. Allez donc, emportant des prix égaux, & laissez combattre les autres Akhaiens.

Il parla ainsi ; &, l'ayant entendu, ils lui obéirent, &, secouant leur poussière, ils se couvrirent de leurs vêtements.....

(RHAPSÔDIE XXIII DE L'ILIADE ;
TRADUCTION NOUVELLE PAR LECONTE DE LISLE.)

A
Victor Hugo

Maître,

Enfant, je balbutiai votre nom déjà immortel ; adolescent, je me nourris de vos chefs-d'œuvre ; homme, & plus que jamais de vos fidèles, je vous offre aujourd'hui ce travail avec l'admiration & le respect que doit avoir pour votre génie sans rival tout ouvrier dont la plume est l'outil.

Léon Cladel

Paris, le 1er mai 1879.

Ompdrailles

Le Tombeau-des-Lutteurs

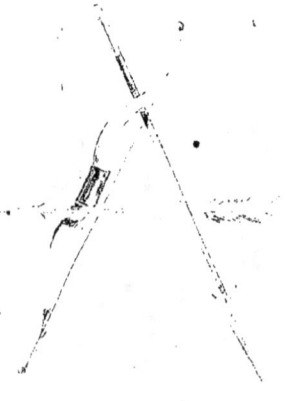

LBE Ompdrailles, carrier de son état, avait, la veille de ce jour-là seulement, quitté les pierrières de la Grésigne, sises auprès de Bruniquel, en Rouergue, son pays natal. On annonçait, depuis assez longtemps son arrivée à Mauhors, & les Maudurques, assemblés aux vieilles Arènes Latines, qu'on venait de rouvrir, disaient de lui des choses vraiment extraordinaires : « Il était fort autant que beau, doux comme un mouton, plus sobre qu'un âne & non moins neuf qu'une pucelle ! » Aussi, dès qu'il apparut au bord de la haute & large plate-forme qui domine le stade, n'y eut-il qu'un cri parmi les spectateurs attentifs, un seul :

— Enfin, le voilà !

Puis un grand silence : on n'entendait que le souffle mal contenu d'un amas de poitrines ; un seul regard ; vingt mille prunelles ensemble dardaient leurs éclairs sur le nouvel athlète.

Il descendait une à une les soixante marches de pierre & s'avançait, nu comme un marbre.

Arrivé pas à pas au milieu de la lice fraîche couverte de sable de rivière, il rougit & salua timidement le peuple, entassé sur les gradins.

Encore enfant & déjà viril ; des muscles, pas de graisse ; un torse de héros, une ombre de duvet s'allongeant en droite ligne d'entre les mamelles vers le nombril & se perdant, plus touffue, sous les plis d'un caleçon couleur de feu; des reins bien creusés, irréprochablement assis sur des hanches un peu rondes; svelte, élancé sans être fluet; mains & pieds exquis; bras & jambes étalonnés au compas; un cou flexible & robuste arrosé de cheveux fluides tirant sur le roux, allant par mèches & vifs comme des rayons de soleil; l'air franc, des pupilles bleu-clair & profondes ainsi que des coins d'azur, une bouche paisible & la narine en mouvement; imberbe & la peau chaude de ton, des traits hardiment agencés & vivant en très-bonne harmonie; un front presque carré, la face sereine & superbe d'un archange : il était, l'Ompdrailles, amoureusement & savamment étudié par les yeux avides de la foule, qui ne pouvait se rassasier de le voir.

— Hé! toi, mugit-elle! en dilatant ses innombrables poumons, ohé, toi, l'autre?

Alors, à cet appel, se dressa bruyamment, au sommet de la rampe, Arribial, l'*Ours-du-Nord*, ainsi dénommé, quoique du Midi, parce qu'il se balançait constamment à l'instar du farouche mammifère plantigrade des mers glaciales. Sous cette masse humaine qui pesait au moins deux quintaux, la plateforme gémit. Il s'ébranla tout d'une pièce, hargneux, inquiet, morose, rêche & poilu de pied en cap. En descendant l'escalier cyclopéen, il promenait des regards indolents sur les gradins rangés en amphithéâtre ; &, retroussées par un sourire bestial, ses épaisses lèvres, qui semblaient saignantes, découvraient un double râtelier de dents aiguës & blanches ainsi que celles des carnivores. Au bas des marches, il s'arrêta, bâilla, secoua sa tignasse noire aussi fournie & non moins crépue qu'une toison de bête ovine ; ensuite, sans se hâter, en se dandinant, il mit avec prudence ses larges pieds dans la carrière. On l'admirait presque en le voyant marcher : à chacun de ses pas, ses chairs bises & fauves oscillaient au long de sa charpente, tandis que ses orteils se marquaient & craquaient sur le sol. Les pectoraux en relief, les membres arqués, les biceps rigides & s'arrondissant sous le derme comme des boules, l'œil mi-clos & sardonique, l'encolure tassée entre les deux épaules, la griffe engaînée, & la gueule toujours béante, il alla se camper en face de son adversaire, qui n'avait pas bougé d'une ligne, & le toisa de haut en bas. Insolent & louche, il respirait la force & la ruse par tous ses pores : spontanément chacun l'applaudit.

— Tête-d'Or n'est pas mal forgé, mais notre brunâtre le doublera comme un jonc !

— Et sans suer encore !

— Assez causé !

— Silence !

— A la porte ! ne troublez pas les acteurs, sang-Dieu !

— Chut !.....

Ayant soigneusement & très-paresseusement frotté l'une contre l'autre ses mains qu'il avait à plusieurs reprises enfoncées dans le sable, & mâchonnant entre ses dents une paille qu'il avait ramassée à terre, « le rentrant » se traînait, ambigu, pelotonné sur lui-même, vers « le débutant, » qui, les bras croisés sur sa poitrine, se tenait droit comme une barre de fer & immobile comme une statue au beau milieu du champ. On entendit bientôt des froissements de chairs, secs, rapides, précipités, & l'on vit en même temps des langues de poussière monter en spirale du fond de l'arène au velarium. « Assis! assis! ils s'attrapent. » On disait vrai. Les athlètes s'étaient abordés. Ils s'empoignaient. On ne tarda pas à s'apercevoir que le combat serait intéressant & d'une nature toute particulière. En effet, des deux champions, l'un, la vieille barbe, était praticien hors ligne, & ses victoires autant que sa cruauté l'avaient rendu fameux à plus de cinquante lieues à la ronde ; l'autre, le blanc-bec, obscur, inconnu, n'avait évidemment jamais lutté, mais il était tenace comme un chêne de sa forêt natale, & si solide qu'il recevait sans sourciller & sans broncher non plus qu'une muraille des chocs à piler comme verre côtes & mâchoires, à crever n'importe quel coffre irréparablement.

Une minute s'écoula, qui parut très longue aux curieux. « L'animal faisait l'espiègle & s'amusait, ce malin ! disait-on ; il tâtait le cuir & flairait les tripes au bambin ; un peu de patience ! il avait froncé les sourcils & s'humectait les babines, on verrait bientôt... » Ta, ta, ta ! le vétéran, qui ne s'amusait pas le moins du monde, leva brusquement la tête, étonné. Son corps humide & contus portait la trace des mains qui s'y étaient imprimées, au lieu que celui du morveux, au contraire, était encore lisse & sec comme un pan de granit. Une sorte de grognement apprit au public que « la bête », agacée, commençait à s'irriter un brin.

— Oh! par exemple! firent plusieurs voix ; oh! ce n'est pas possible!

Accroché des deux mains au coude gauche du grand dadais, l'astucieux, qui méditait depuis quelques instants un coup de bras qui lui était très familier ; le têtu, qui ne lâchait jamais le morceau, d'ordinaire ; le maître, heurté d'une façon non moins terrible qu'irrégulière par la poitrine du novice, avait instantanément rompu la mesure, &, chancelant sur ses talons, était allé s'asseoir à dix pas plus loin, sur son séant. Oui, mais s'il était massif, il était agile aussi, ce gaillard ! A peine eut-il touché terre que, malgré son propre poids, il avait rebondi sur soi-même ainsi qu'une balle élastique, & s'était jeté, le sang aux prunelles & la salive aux lèvres, sur l'apprenti, qui fut aussitôt pris à bras-le-corps. On criait, on trépignait d'émotion, & chacun se perchait de son mieux sur les banquettes, aux premiers comme aux derniers rangs du colisée.

— Hep ! patron, à toi !

Poitrine contre poitrine, front contre front, ils cherchaient à se déraciner de terre réciproquement, les deux « vigoureux », inflexibles comme des rouvres. Subitement « l'aîné », qui roulait des yeux féroces, ploya les genoux, se redressa, cambra ses reins, ouvrit & referma ses bras en un clin d'œil : « le cadet » était *ceinturé*... Toute la salle tressaillit : « Allait-il être vaincu déjà ? »

— Hardi, carrier, hardi donc !

Il sourit, on se rassura; quoique dans la position la plus critique où pût se trouver un lutteur, il n'était pas même ébranlé ; ses mains travaillaient, lentes & calmes; ses regards tranquilles erraient au loin devant lui ; l'autre pourtant haletait, les globes de l'œil lui sortaient des orbites ; maints flots de sang lui empourpraient les tempes; ses veines saillaient au long de ses membres & lui dessinaient sous le pelage une sorte de bleuâtre réseau ; ses artères, démesurément gonflées, semblaient prêtes à se rompre : il était effrayant &, néanmoins, imposant dans sa sauvage beauté.

— Serre, pacant, serre !

En vain s'épuisait-il en efforts & bandait-il toute sa musculature, ce velu ! l'aiglon ne pliait point & ne respirait pas plus vite entre les pattes crispées qui l'étreignaient. On l'eût dit vraiment doué, celui-ci, d'une vigueur surnaturelle. Impassible & doux, bien que sévère, il ressemblait, & beaucoup, à l'ange des peintures murales de Delacroix, à l'esprit opposant, sans lassitude, sa vertu toute divine à la fougue animale de Jacob.

— Bravo, *le Blond !* bravo!

Les applaudissements arrivaient à lui de toutes parts à la fois. On l'encensait. Il abaissa sa droite grande ouverte & la ferma sur le crâne montueux qui le heurtait sans trêve ni merci : la boîte osseuse eut l'air de diminuer sous la pression des doigts. Aussitôt, le furieux, calmé, pâlit, & son mufle endolori se contracta : le jeune hercule était dégagé. Certes, il lui eût été plus que facile alors de brusquer le brusquiaire encore étourdi, puis de l'étendre sur les deux omoplates, selon la règle ; ignorance ou pitié peut-être, il n'en fit rien & se contenta de le pousser rapidement & sans art : l'*artiste*, lui, s'affaissa cependant, lourd comme un bœuf. Elle ne pouvait en croire ses sens, la foule, & n'osait plus se gaudir. Abasourdie, elle regardait « le détrôné », qui se releva difficilement cette fois. Il écumait ; tout meurtri de sa chute, inondé de sueur, étranglé par la colère, il faisait signe qu'il *n'avait pas été tombé* & montrait ses épaules ; une seule, la gauche, en effet, était imprégnée de sable.

— Il a raison, ça n'y est pas.

— Si, si !

— Non, non, non.

— Une autre passe, une autre !

— Oui, oui.....

Curieux de savoir si le luron, dont on constatait la rage & la rancune, puiserait en elles un surcroît de violence & d'âpreté, le public exigea que la lutte recommençât, & sur-le-champ.

— I!...

« Papa Féroce », qui n'attendait que cet ordre, eut une grimace de joie & se mit incontinent à rôder autour de celui qu'il voulait à tout prix terrasser, stigmatiser comme il faut, à l'échine... & quelle sagesse ! Ah ! c'est qu'il se gardait maintenant a cœur comme à carreau, *le professeur* : tortueux & furtif, il allongeait le nez, clignait l'œil, avançait obliquement la tête, entr'ouvrait la bouche & tirait un peu la langue. Au mode dont il procédait, accroupi sur ses jarrets & les mains appuyées à ses genoux, on comprit tout de suite que c'était par quelque tour de Jarnac qu'il espérait démonter *l'élève* & l'avoir : évidemment, il mitonnait un coup ; il fallait, comme de juste, lui laisser prendre tout son temps & ne point l'ahurir : on n'y perdrait pas ! Enfin, après avoir réfléchi bien à son aise, il engagea de nouveau l'affaire. On le vit tout à coup s'effacer, s'enfoncer, se fondre, disparaître en lui-même, se raser à la manière des jaguars & des onces, se développer & se rétrécir encore, bondir, agiter ses membres en tous sens, donner du front & soulever la croupe comme un taureau, ruer, s'enlever & retomber toujours d'aplomb sur ses jambes, chose surprenante chez un tel replet ! avec une souplesse de singe, en évitant sans cesse & toujours très à propos l'attaque ou la riposte du blondin, qui, sans doute, ne savait pas les finesses du métier, mais qui, le gars ! avait des poignets

meurtriers comme des étaux & des projections irrésistibles de muscles, soudaines ainsi que des détentes de ressorts. Inutile stratégie : le savant manœuvrier se dépensait en vain.

— Houp là, Martin ! houp !...

Acharné de plus en plus au travail, il eut beau ruser, feindre, trahir, simuler un retrait de corps & faire soudain volte-face, exprimer ostensiblement par le jeu de sa physionomie des intentions qu'il n'avait pas, & dissimuler, au contraire, celles qu'il avait réellement, approcher & se dérober au même instant, tâter un point pour en surprendre un autre, essayer & menacer ici pour mieux atteindre ailleurs, s'appliquer enfin à déconcerter son vis-à-vis, qu'il fallait absolument aveugler d'abord, afin de pouvoir ensuite l'appliquer méthodiquement sur le carreau : « Nigaudinos » ne s'inquiétait guère de tout ce déploiement de stratagèmes, & restait imperturbablement planté, ferme comme une colonne, au milieu de la lice, actif en regards, avare de gestes, simple à la fois & magistral :

on ne se lassait pas de le contempler : il avait enflammé les cerveaux, subjugué les esprits, conquis les cœurs.

— Haïe !...

Et tandis que ce cri qu'elle avait poussé montait jusqu'aux frises du cirque, la foule, sympathique au bel athlète inconnu d'elle la veille encore, se guinda, tout entière, frémissante sur les banquettes.

— *Eh ! qu'es aco ?...*

Le venimeux roublard avait fini par accrocher au cou son naïf adversaire, &, prompt comme l'éclair, s'était retourné sur lui-même avec furie, pensant bien le « basculer » sur les reins, puis, coup sur coup, l'envoyer à terre en plein sur le dos. On crut que c'en était fait de l'innocent, & que le matois, à la fin, triomphait. Erreur ! Non-seulement il n'avait pas perdu pied, le « pierrot », mais encore il n'avait pas même oscillé le moins du monde en recevant le terrible coup de hanche du casseur d'os, lequel, épouvanté d'une telle résistance & n'en pouvant plus, avait laissé retomber ses bras au long de ses cuisses, & s'était abattu tout d'une pièce aux orteils de celui dont dix mille bouches acclamèrent aussitôt la victoire. Ensanglanté, les coudes & les genoux écorchés jusqu'au vif, les poils souillés de poussière, harassé, maté, poussif, rejetant par les narines le sable qu'il avait mordu de toutes ses dents, le vieil ours déconfit put à peine se relever, &, debout, resta plus d'une minute indécis sur ce qu'il avait à faire; enfin, éperdu, livide, hagard, & tremblant de tous ses nerfs, il abandonna l'arène en montrant le poing au moutard qui l'avait éclipsé sans retour & s'arrachant la barbe avec désespoir, pendant que, mille fois répété, volait vers les nues ce nom, désormais immortel :

— Ompdrailles ! Ompdrailles ! Ompdrailles !...

Et lui, le triomphateur, haussant & baissant alternativement ses bras, remerciait encore le peuple ivre d'enthousiasme qui lui faisait ovation, lorsqu'une voix réclama solennellement « l'assaut entre le vainqueur de l'Invincible & Blas le *Loyal-Espagnol!* »

— Oui, très bien, oui.

— Cela regarde le brosseur, qui mérite tous nos compliments, il peut refuser.

— Allons donc !

— C'est son droit.

— Il acquiescera ! Nous voulons qu'il travaille encore, ici tout de suite.

— Et s'il est fatigué ?

— Bah ! il ne l'est point.

— Interrogez-le.

— Es-tu las, petit ?

Très-heureux d'être interpellé si tendrement, il secoua la tête avec grâce, & ses cheveux, atteints par l'un des rayons de soleil qui trouaient l'énorme toile tendue au-dessus du cirque, ses grands cheveux blonds ondulant, bruissant autour de ses tempes pures comme l'albâtre & sur son cou poli comme une tige de cristal, eurent des lueurs vives d'auréole.

— Il n'est pas du tout essoufflé, voyez donc ; il consent...

— Attendez un peu.

— Non, non, illico !

— Minute.

— A l'instant ! obéissance au souverain ! Ohé, là-bas, ohé !...

Soudainement, à la joie indescriptible des amateurs, on annonça que le Castillan, docile au vœu de tous, se préparait à combattre & ne tarderait pas à descendre.

Il parut, en effet, presque aussitôt. En trois bonds, il eut franchi les soixante degrés de pierre, & vint tomber en arrêt devant le dompteur acclamé du rugueux Arribial.

— Luttez !...

A peu près de la même taille & du même âge, admirablement découplés l'un & l'autre ; celui-ci brun, plus ardent & mieux instruit ; celui-là blond, placide, ignorant les rudiments de l'art, mais d'une solidité qui neutralisait les ressources de la science : élégants, corrects, harmonieux & presque égaux en noblesse, ils s'affrontèrent en souriant.

— Très-bien !...

On battit des mains aussitôt qu'ils se furent enlacés, &, tant les éloges qui suivirent cette prise leur furent impartialement répartis, il eût été difficile de dire lequel des deux se conciliait davantage les faveurs du public. Qui l'emporterait, du premier aussi gracieux qu'énergique, & pratiquant comme pas un tous les secrets de sa profession, ou du second, qui, sans y entendre malice, avait prouvé néanmoins qu'on pouvait faire quelque fond sur lui? Personne n'osait pronostiquer la victoire ni la souhaiter à celui-ci plutôt qu'à celui-là, car depuis longtemps l'un était aimé de tous ceux que l'autre avait si vite séduits; & comme chacun d'eux accomplissait généreusement son devoir, on les encourageait avec la même chaleur. Autant la précédente lutte, qui s'était terminée à la honte de l'Ours-du-Nord, avait été féline, autant l'actuelle, non moins sérieuse, était courtoise & charmait les galeries, au lieu de les soulever, hurlantes, en délire. On était surpris, en même temps que touché, de voir que, malgré la franchise & l'impétuosité de leurs attaques, les deux rivaux évitaient de se meurtrir, & qu'au plus fort même de leur joute herculéenne ils se témoignaient, sans jactance ni bassesse, & comme attendris, une mutuelle estime.

— Assez! assez! assez !

Et dans ces paroles éclatant en tumulte parmi l'enceinte monumentale étaient contenus à la fois l'ordre & la prière d'en finir. On se refusait également à l'idée du triomphe ou de la défaite de l'un ou de l'autre de ces « gentilshommes »; on ne voulait ni vainqueur ni vaincu. Mais Blas, qui naguère avait, à diverses reprises, « appuyé du côté, » faiblit derechef. En se relevant, il avoua qu'il était au bout. On ne pouvait mieux reconnaître la primauté d'un émule; &, devant tant d'abnégation d'une part, tant de modestie de l'autre, les sympathies du public s'aiguisèrent encore; aussi, lorsque ces deux braves s'embrassèrent, tout le monde se sentit-il ému jusqu'aux entrailles de cette fraternelle accolade, & les bonnes larmes, qu'appellen toujours les gestes magnanimes, arrivèrent-elles brusquement à tous les yeux...

« Yul, dit l'*Arête*, qui devait lutter contre Uzairche,
» la *Fleur de Guyenne*, empêché, demande à se
» mesurer incontinent avec le carrier des pierrières
» de la Grésigne, & jure de ne pas le lâcher avant
» d'en avoir eu raison. »

A ce grossier défi proclamé d'une bouche sonore entre deux salves de bravos par le recteur des jeux olympiques, « le Nouveau », qui remontait, déjà célèbre, les marches qu'il avait descendues, ignoré, six quarts d'heure auparavant, s'ancra sur place, &, pour la première fois, un éclair d'orgueil alluma ses prunelles, & ses narines se gonflèrent.

— Hé bien! dit-il d'une voix brève & douce encore, quoiqu'elle frémît de colère mal contenue, on est là; qu'il vienne, Yul!...

Et sur-le-champ il se rabattit à reculons vers l'arène, les regards attachés à la plate-forme où venait de surgir une longue figure noire. Il avait plus de six pieds de haut, ce Ghiolof, &, réellement, il était le bien surnommé. Roide comme une armature de fer, maigre comme un os, ses côtes saillaient au long de ses flancs décharnés, & semblaient vouloir forer la peau d'ébène qui les recouvrait ; tout le reste à l'avenant : un buste de squelette, les membres anguleux, des pieds & des mains secs ainsi que du bois mort, tout bossués de nodosités ; un cou de héron, une tête de bélier avec de noirs flocons de laine entremêlés de quelques fils d'argent, & des oreilles en pointe & pareilles à ces cornus appendices que les traditions [hiératiques attribuent depuis mille ans & plus à Lucifer.

— *Retrò, Satanas !*...

On ne plaisantait pas, & l'ingénu, deux fois victorieux, avait absolument perdu sa bénignité : toute sa face respirait un mélange de terreur religieuse & d'implacable haine. Au lieu de se tenir sur la défensive, ainsi qu'il l'avait déjà fait dans les deux combats antérieurs, il courut au nègre avec le geste crucial habituel des chrétiens catholiques, & l'étreignit désespérément. Huit ou dix minutes durant, on vit les deux corps, le noir tranchant sur le blanc & le blanc s'enlevant en vigueur sur le noir, étroitement unis & pour ainsi dire conjugués. Yul le gigantesque avait quatre ou cinq pouces de plus que son magnifique antagoniste &, sans cesse, le front pur & blond de celui-ci s'élançait obstinément contre le menton fumeux de celui-là, dont les lèvres tout à coup s'ensanglantèrent. S'étant pris la langue entre les dents, il s'était lui-même mordu, ce démon! qui rugissait, pendant que ses doigts difformes & griffus s'enfonçaient à même la gorge neigeuse du carrier, dont aussi le sang vermeil coula. De haut en bas, au pourtour du cirque, une immense clameur d'angoisse émergea *subito* de toutes les poitrines. On criait d'effroi, l'on tremblait pour « l'enfant de la Terre et du Ciel », on allait se précipiter pour l'arracher aux ongles de « *l'autre*; » mais, au même instant, on entendit craquer des vertèbres, ensuite comme un broiement de

Imp. A. Quantin   R. Julian

chairs, & le monstre, que chacun crut foudroyé, se rompit l'ossature sur le sol, son vainqueur restant debout. Horrible & semblable au serpent infernal, à force de se tordre, il se retourna prostré contre les pieds qui le pétrissaient, &, les labourant de l'ongle, il réussit à souder ses crocs à l'entour d'un tendon. Oh! alors, le Grand Blond, échevelé, blessé, saignant, orageux, formidable, les regards acérés & flamboyants comme des glaives, tragique & plus beau que l'Archange dominateur du Dragon, lui posa souverainement un talon sur la croupe, &, l'ayant contraint, en y pesant, à dilater les mâchoires, il le faisait bâiller & vomir comme une hydre & menaçait de l'écraser sans miséricorde, de l'introduire en terre, aux yeux terrifiés de la foule, qui, demandant grâce à la fin, arriva non sans peine & presque trop tard à l'obtenir.

— Au revoir, lion, & vive toi !...

Quels débuts : Arribial l'*Ours-du-Nord*, dépossédé de son prestige ; Blas le *Loyal-Espagnol* & l'idole des afficionados, s'inclinant de son propre arbitre devant une puissance supérieure à la sienne; Yul l'*Arête*, réduit à néant; il n'en eût pas tant fallu pour mettre au pinacle un conscrit dont la gloire avait obscurci du premier coup celle des grognards qui, jaloux d'abaisser cet insolent parvenu, jaillirent contre lui de tous côtés; aussi vit-on en très-peu de temps descendre dans la lice : Etienne le *Pâtre-des-Pyrénées*, Arnaud-Timbalier, Ænit la *Rancune*, Evariste *Bras-de-Fer*, Rabasson, de Paris, une étoile de la salle Montesquieu, Albus & Ramon *les Premiers Lutteurs du Monde*, Pain d'Orge, Œillards, Alcide *Bonne-Grâce*, Yvoni *Tête-de-Roc*, Kanals, Xaliu, Zumalaterrino l'*Inaccessible Catalan*, Nané, Cuq, Quadragale le *Sanglier de la Lorraine*, Agné, Jost la *Terreur des Hommes Forts*, Suy, Rey, Bip, Pech, Henri le *Cossu*, Echaguë le *Loup du Gévaudan*, Esprit Tallu, les deux frères Upi, de Nîmes, trois fois couronnés aux *Jeux Annuels*; Edouard *la Baliste*, Ixmaé, Le Bœuf, image exacte du type jupitérien, effrayant comme le Laocoon, avec le boa tatoué s'enroulant autour de son corps; Saint-Jacques, Ysse, Antoine Peyrolas le *Bouvier de l'Honor de Cos*, Sapy, Pujol le *Marin de la Belle-Poule*, Imhaü le *Zéphyr de la Tafna*, Montbars l'*Exterminateur des Hercules*, & le dernier descendant du grand Boucanier de la Havane; Hep, Py le *Bigame*, Auguste Tonnerre, Urbain le *Borgne des Ardennes*, Erbigny l'*Enfant posthume du Supplicié*, Digliol l'*Anthropophage*, Halte-Là, Garde-à-Vos, Sans-Nom, ex-bourreau; Mes-Chiffes, Asina, Cœur-Dur, Samuel le *Roi des Juifs*, Origène la *Massue*, Ey l'*Astre du Béarn*, Navali, Larrieu, qui porte à bras tendus un énorme cheval de limon tout harnaché; Masson, dont les reins soulèvent quinze mille kilos de pierre ou de plomb; Baptiste Ouvizié le *Loup de la Bourrèque*, Andria l'*Aigle du Mont-Cenis*, Ondouix le *Prince des Auvergnats*, Hié, Rumor *Barbe-Rousse*, Angaint, Tissat, Emile-Emile, Ubentchiffsche le *Gros Bavarois*, Sutters, Zach, Igex *Longue-Avoine*, Adalbert Pharnacope, compa-

gnon tailleur de pierres & le *Fléau des Devoirants,*
Serp, Audouy l'*Hercule,* celui-là même qui, plus tard,
complice de Jacques Latour, trempait dans l'assassinat de Labastide-Besplas; Virole *Outre-Mer,* Chrétien l'*Antechrist,* Evêque le *Chevelu,* Dupontavillène
le *Colosse de la Garonne,* Orlail le *Rempart du Midi,*
Gosse le *Taureau de la Camargue,* Honoré la *Valeur,*
Rôl le *Jaguar,* Niort, André *Cimetière,* Alpy la *Cime,*
Outil l'*Horloger,* Adolphe le *Pressoir,* Unikouï,
Bernard, enfant de Bordeaux & l'*Effroi des Braves,*
Arpin lui-même, & Marseille enfin, Marseille de la
Palud, Marseille le *Nec plus ultra*! Mais tous ces
hardis compagnons, accourus à l'envi du Languedoc &
de la Provence, subirent la marque impériale de celui
qu'ils voulaient à tout prix découronner, & qui, sans
cesse florissant, en dépit de leur ligue, monta de
cime en cime ; &, témoin de cette escalade grandiose,
le peuple, avec ses mille bouches retentissantes comme
des buccins, exaltant son favori qui « ne savait pas
lutter », le proclama roi des arènes & le décora de ce

surnom étrangement forgé : *Tombeau-des-Lutteurs*...

Il régnait, l'humble paysan du Rouergue ; il touchait aux étoiles, le carrier de la Grésigne : hier, lampion ; aujourd'hui, soleil !

Adulé, fêté, n'ayant pas encore, depuis six mois, rencontré son maître ni son égal, ce héros allait de temps en temps dans les villes voisines récolter de trop faciles lauriers, lorsqu'après une absence qui n'avait pas duré moins de trois semaines, on le vit tout à coup reparaître aux arènes, jaune comme la cire & les yeux presque éteints. Une ride verticale coupait en deux son front, naguère uni comme un miroir, & sa magique chevelure d'or, qui, si peu de jours auparavant, rayonnait ainsi qu'un nimbe autour de son crâne, avait à cette heure perdu tout éclat, &, lui retombant inerte au long des tempes, s'en venait mourir entre ses deux épaules, sur les chairs extraordinairement amaigries. En outre, il respirait avec peine ; sa poitrine était parfois soulevée par des quintes de toux aussi déchirantes que des sanglots, puis tout son torse, surtout la gorge & les mamelles, était marbré de larges taches rouges, & chacune de ces taches avait en soi l'on ne sait quelles stries blanchâtres assez profondes & ressemblait beaucoup à l'empreinte enflammée que laissent à la peau certaines morsures humaines qui sont à la fois des baisers...

— Hé! l'ami! lui cria-t-on en le voyant frémir de pied en cap & pencher de tout son poids vers la terre, ainsi que s'il eût été violemment aspiré par quelque irrésistible bouche, eh! major, d'où, diable! sors-tu? Si tu trembles la fièvre, il ne te faut pas batailler!

Il feignit de n'avoir pas ouï cet avis si charitable & marcha, machinal, à La Baliste, un Breton qu'il avait jadis renversé, non sans quelque effort. Ils se frôlèrent. On remarqua, dès les premières passes, que, tout en escrimant, le benjamin remuait ses lèvres & se parlait à soi-même à la guise de ceux qu'une idée fixe habite : il ripostait d'ailleurs avec mollesse & pour ainsi dire automatiquement aux attaques les plus rudes, &, loin de se garder, restait sans cesse à découvert. Il avait cependant appris les finesses de l'art & connaissait la parade à présent. Où donc avait-il la tête, & pourquoi, lui, si jaloux de bien œuvrer, était-il à ce point inattentif au travail ? En vérité, l'on était tenté de croire qu'il agissait de la sorte à dessein & qu'il désirait être battu : plusieurs fois, en quelques minutes, il l'avait échappé belle, & malgré cela n'en persistait pas moins à se mal défendre, ayant l'esprit on ne savait où. Pressé, poussé sans relâche & déplacé sans cesse, il alla tout à coup en trébuchant se cogner à l'un des piliers de fer qui soutiennent la charpente du cirque; on entendit ses reins sonner contre la tige de métal, à laquelle il se cramponna, tout essoufflé. Qu'avait-il donc enfin ? On ne l'avait jamais vu si vite & si facilement fatigué, lui, l'infatigable. A coup sûr il devait être malade, très-malade & paralysé par son mal; sans quoi le ragot auquel il avait affaire eût été déjà saisi, culbuté, balayé dans le sable & bellement puni du mince avantage qu'il avait surpris plutôt qu'obtenu. Mais non! Au lieu de se redresser sur ses ergots & de fondre comme un coq sur « le chouan », qui, troublé d'avoir ainsi refoulé celui que personne n'avait jamais astreint à rompre d'une semelle, se tenait piteusement en garde & suait de peur en son maillot, Albe, hélas! Albe, les yeux voilés de nuages & la gorge pleine de hoquets, encore adossé contre l'arbre métallique, avalait son humiliation & ne bougeait point. Enfin, à la longue, il essaya de réagir sur lui-même & revint, avec des allures d'imbriaque, occuper au milieu du cirque la place dont il avait été si rondement expulsé vingt secondes auparavant. Toute la foule, debout sur les gradins, silencieusement écoutait râler de fatigue & regardait chanceler le « grand Monsieur », à qui tout à coup, du haut des combles, une voix impitoyable cria :

— Salue ton capitaine!... & toi, Morbihannais, achève cet infirme!

A cet outrage enfiellé, le primerain, ordinairement

si débonnaire eut un hérissement de fauve, & ses bras s'appesantirent avec un bruit terrible sur les flancs du quidam en qui l'on osait déjà reconnaître son supérieur. On vit aussitôt se tordre & diminuer Edouard La Baliste, qui tomba. La victoire avait une dernière fois été clémente à son élu, mais à quel prix ! Il titubait à travers l'arène, épuisé : ses lèvres étaient blanches ; il crachait le sang. On n'apprécia guère une prouesse si laborieuse, mais néanmoins si méritoire ! &, lui, le preux, tant ses thuriféraires accoutumés étaient dans la stupeur, on lui laissa gravir sans le gratifier d'un seul bravo les soixante marches de pierre au sommet desquelles, s'étant reposé quelques instants, il s'inclina, blême comme la mort, devant le public, & disparut en se traînant... Aussitôt qu'il se fut effacé derrière la colossale statue d'Alcide, qui masque les couloirs accédant à la plate-forme, un immense soupir de soulagement s'exhala des poitrines ; après quoi les langues se débridèrent en même temps & partirent toutes à la fois :

— Il est crevé !

— Bon à mettre au rancart !

— Hors de service !

— Usé !

— Rendu !

— Fini !

— Qui diable aurait cru ça ? Nom de Dieu ! quel dommage ! Un tel lapin !

— Avec des soins, on revient de loin !

— Une, deux & trois, il n'a plus qu'à se flanquer au lit & boire du meilleur.

— Autrement... au sapin !

— Oui, c'est à craindre.

— Eh ! nobles ou gueux, nous y passerons tous sans exception.

— Il s'est peut-être démoli la colonne en se démenant, ce brise-tout.

— Ou peut-être aussi caresse-t-il trop la bouteille ou le carafon.

— Non, il ne boit pas.

— Un coup d'air, une courbature ?...

— Ouiche !

— Eh bien ! alors, quoi ?

— Quoi !... quoi !.. vous n'êtes pas malins ; eh ! pardi ! les femmes !...

— Hé ! ma foi ! qui sait ? elles sont toutes plus ou moins enragées.

— Il était si beau, l'enfant !...

— Touché ! voilà.

— Ça doit être ça, car enfin...

— Notre vieux Martin connaît le fin mot, je gage, lui.

— Possible ; hélons-le !

— Hé ! porc-épic ! hé ! là-bas, hérisson ! hé ! l'ortie ! aie la complaisance de rentrer tes piquants & viens ici !

S'entendant appliquer tous les sobriquets amicaux par lesquels on le désignait jadis, au temps où nul encore ne l'avait étrillé, l'Ours-du-Nord, qui se promenait soucieux au bas des galeries, leva la tête

Indifférent, ainsi que le public, à ce qui se passait alors dans l'arène, où s'entrechoquaient pourtant deux cogneurs d'importance, Evariste Bras-de-Fer & Pharnacope le Fléau-des-Devoirants, il se rendit aussitôt auprès de ceux qui le réclamaient impérieusement & dont plusieurs prétendaient, non sans raison, que personne aussi bien que lui n'était à même de les renseigner à souhait. En effet, après avoir haï comme la peste « ce gâte-pâte » qui, le premier, avait eu l'honneur de lui faire baiser du poitrail & du râble le pulvérin, Arribial était devenu tout à coup l'ami, le frère, le chien, la chose de son cauchemar, & cela parce que, dans une nuit de janvier où les cailloux gelés se fendaient, sous leur croûte de glace, celui-ci, sans balancer une seconde, l'avait intrépidement ôté des mains d'une douzaine de soldats du train, ivres, qui se divertissaient en pleine rue à le taillader à coups de bancals.

— Il m'est sacré, depuis l'autre hiver, ripostait-il souvent aux brouillons qui cherchaient à raviver sa rancune & je l'aime aujourd'hui ; malheur à qui le mécanisera ! sans lui j'étais nettoyé... l'on s'en souvient de la daube, oui-dà !

Cette rixe était née au fond d'un cabaret de Mauhors, à la suite de quelques propos de caserne ignobles tenus par les traîneurs de ferraille à l'hôtesse, dont le doyen des arènes, qui se désaltérait flegmatique dans un coin, avait brusquement pris la défense, en disant que, si les langues ne se taisaient pas, il les couperait *rasibus* & les fourrerait en sa poche. Alors, les militaires avaient dégaîné leurs flamberges & s'étaient écriés qu'ils allaient se fabriquer d'abord un pâté d'ours & le gober ensuite. Il n'en fallait pas autant pour mettre en branle l'irascible poilu, de son naturel assez friand de plaies comme de bosses, & la danse commença. Verres, brocs, jarres, bouteilles, ustensiles divers, chaises & bancs, Sa Sauvagerie se servit de tout ce qui lui tomba sous les doigts, si bien que le sol fut jonché tôt de débris de toutes sortes, & rougi d'un liquide à peu près de la même couleur que celui dont chacun s'était abreuvé si copieusement. Onze ou douze contre un! En vérité, la bataille était trop inégale & ne pouvait durer longtemps. Si dur à bâter qu'il fût, le grison avait trop à faire & devait fatalement succomber sous le nombre, à la fin. Enfermé dans un cercle de fer, lardé de tous côtés par les pointes & balafré par les tranchants des lames, il regardait à droite, à gauche, ne sachant que devenir, & brayait. Tout à coup, il se cabra, bondit, passa sur le ventre de ceux qui lui barraient le seuil de la porte, ouverte par bonheur, & gagna le large, en emportant entre ses pattes un assaillant mis en loques & qu'il étranglait en fuyant. On le poursuivit, on l'atteignit, on allait l'envelopper encore. Afin de ne pas être pris par derrière, il s'accula contre le portail d'une maison d'apparence quasi princière, & là, ramassé sur lui-même, il présentait aux glaives son bouclier humain, dont il usait aussi parfois, à l'instar d'un martel, pour assommer les troupiers soûls de fureur encore plus que de vin ou de rogome, & tout saignants. Ils réussirent, nonobstant, à lui reprendre enfin leur camarade à peu près étouffé. Dès lors, sans armes, sans ressources aucunes, à bout de forces, absolument hors d'état de résister davantage, le « pékin » croisa stoïquement les bras sur sa poitrine & s'offrit de haut en bas à ses meurtriers, qui, pour savourer leur vengeance, le piquaient avec amour & délicatesse, de ci, de là, partout, à travers les chairs, & parlaient à chaque instant de le clouer vif, ainsi qu'on fait une chouette, aux battants de la porte-cochère, qui, parole d'honneur ! il était temps, oui... grinça sur ses gonds ! & le martyr, sur le point de danser sa dernière gavotte, agrafé presque aussitôt par une serre si puissante qu'il ne put aucunement comprendre à quel pharamineux autour elle appartenait, fut enlevé de la voie publique comme une paille &, ma foi ! posé sur ses pieds, à l'intérieur de l'hôtel, derrière le portail, contre lequel se ruèrent, en vociférant, les bourreaux entièrement dupés, & qui se referma sur eux en dépit de leur violente opposition. « Enfonçons ça; hurlaient tous ces soudards; en avant ! » Après maintes & maintes tentatives sans cesse infructueuses, ils comprirent enfin qu'ils ne pourraient jamais forcer l'obstacle, & décampèrent, sacrant comme des huguenots. Or, lui, l'excellent catholique, à l'abri sous le porche de la maison palatiale, entendit sonner au loin sur le pavé les éperons de leurs bottes & les fourreaux de leurs sabres de cavalerie.. A peine les rumeurs de cette bande armée se furent-elles éteintes, il inspecta les alentours, & vit, à la lueur du réverbère apposé dans une excavation de la muraille domestique, un fier mâle, arc-bouté sur ses jambes & les reins appliqués au vantail mobile de la lourde porte de chêne bardée de plaques de fer, laquelle gémissait encore des coups qu'elle avait reçus. Hésitant, & d'ailleurs assez vexé d'avoir eu si besoin d'être secouru, le quinteux des arènes se poussait au-devant du particulier auquel il devait un si beau cierge, mais il s'arrêta net en reconnaissant en lui le fort des forts. « Sang-Dieu! Grande-

Poigne ? à présent on est fixé, & je ne m'étonne plus !... » Et, sans songer à ce que le susdit faisait en pareil lieu, ni comment il s'y trouvait, Sieur Rabat-Joie ajouta du fond du cœur : « A la vie, à la mort, fils, & grand merci ! » *Le fils* lui tendit la droite en silence & fit de la gauche un geste qui signifiait : « Tais-toi ! » puis ils sortirent ensemble de l'hôtel, bras dessus bras dessous... A partir de ce moment, l'aîné des deux, ayant abjuré sa haine, loin, bien loin de jalouser encore l'autre, avait crié sur tous les toits, & plus haut que qui que ce fût, que l'enfançon, à qui lui-même n'allait pas à la cheville, était très-positivement le lutteur le plus chic qu'il y eût en France & dans le monde entier, affirmant au surplus que, si quelqu'un voulait soutenir le contraire, il était prêt, lui, « vieille brisque, » à cadenasser le bec aux radoteurs, quels qu'ils fussent. Evidemment on n'osa pas trop contrarier le discoureur, & tout à sa guise il avait pu vanter, chanter, aimer son cadet, qui, du reste, le lui rendait bien. A bon escient, on disait donc au cirque comme en ville que, depuis l'affaire des tringlots, divulguée par un *griset* (faubourien), occulte témoin de l'aventure, ils vivaient ensemble ainsi que vivent entre eux deux doigts de la même main, & c'est parce qu'on supposait qu'ils devaient être au courant de toutes leurs actions respectives que l'on avait entrepris à la légère de tirer les vers du nez à Maître Martin !

— Exprime-toi ; vite, allons. .

Assailli de toutes parts & bombardé d'un côté, de l'autre, à droite, à gauche, en avant, en arrière, en tous sens, il ne savait auquel entendre & que répondre à tant de questions tombant sur lui dru comme grêle, & qui pouvaient néanmoins se résumer toutes en une seule, que voici : « Pourquoi ton mignon n'est-il point en bonne santé ? » Soit que véritablement il ignorât le « pourquoi », soit qu'il ne lui plût point de faire des confidences à la foule, il se contenta d'abord de tourner, inquiet, grommelant des paroles obscures, au milieu des curieux ; ensuite il lança quelques jurons & force soupirs en exigeant de l'espace & de l'air, puis, comme on s'acharnait sur lui de plus belle, à son corps défendant, & qu'on le persécutait de cris & de prières en le serrant contre les poitrines au point de l'empêcher de jouer des poumons selon ses besoins, il se renfrogna pour tout de bon & montra les gencives...

— Espèce de brute! lui cria-t-on, irrité beaucoup plus de sa taciturnité que de sa grimace, on ne veut te voler ni te manger ton ourson, on veut uniquement savoir ce qu'il a; nous l'aimons autant que toi, nous autres, entends-tu ?...

L'acariâtre, ayant haussé les épaules, tourna les talons, & redescendit dans l'arène. Il avait alors les yeux moins méchants que tristes, & tout le monde remarqua que, s'il avait l'air si chagrin, la mine si quinaude, les cils humides & les paupières cernées, il devait en jauger plus qu'il n'avait voulu certainement en dégorger, « l'animal » !

— Fichez-moi la paix, cria-t-il de loin aux importuns, j'ai tout dit, là !

S'il avait tout dit, il n'avait rien révélé, cet indécrottable! absolument rien. Urbain le Borgne-des-Ardennes serait, lui, plus commode sans doute; il était très bon diable, assez bavard, & pourvu qu'il eût vent de l'affaire, il jaserait. On le somma de franchir la balustrade & de comparaître sur les gradins. Il vint & s'en alla comme il était venu, muet comme une carpe. Yncaps, Suy l'Epervier-de-l'Andorre, interrogés tour à tour, n'en dégoisèrent pas davantage. Après eux, la Templinerie, aussi sourd qu'un pot, essayant en vain d'entendre ce qu'on lui cornait aux oreilles, & d'autres, bien d'autres encore, sollicités sans aucun résultat, on dut enfin se résigner à vider les arènes, & chacun se retira de son côté, sans avoir recueilli le moindre bruit qui expliquât tant soit peu la décadence imprévue & peut-être irrémédiable du « Metteur au pas ». Eprise de son demi-dieu, la foule craignait vraiment pour lui. Chose certaine : il était en danger; à savoir si le mal qui le rongeait pouvait être conjuré! D'où provenait-elle d'abord, cette affection, & quelle en était la nature ? Engoué, passe, oui; mais poitrinaire, Lui, bâti à chaux & à sable, & plus dur qu'un roc ? allons donc ! Que la débauche l'eût ainsi ruiné ? non pas ! A l'envi tous ceux de la partie avaient souvent certifié que leur trop fameux compaing aurait eu le droit de porter une robe blanche, & qu'il ne buvait que de l'eau; puis il n'y avait qu'à le voir, il n'était pas fait, lui, comme les autres, il n'esbrouffait personne, il n'était pas sottisier, il n'était pas gueulard, il n'avait aucun des appétits des fiers-à-bras de sa profession, &, loin de vivre, ainsi que nombre de ces individus, aux crochets de quelque gourgandine, il fuyait les paillardes, si bien que ses commensaux l'appelaient entre eux, & pour se moquer de lui, *Monseigneur des Fleurs de Lys,* ou *Mlle Albe la Grand-Nonnain!* Or, il fallait attribuer à des motifs plus plausibles l'origine & le développement de sa maladie, & motiver aussi de toute autre manière le trouble de ses esprits & l'épuisement de son corps. Ainsi raisonnait le public, à qui, malgré son bon sens, échappait entièrement la cause d'un fait si étrange, & d'où naissaient toutes les anxiétés, lesquelles redoublèrent bientôt d'autant que non seulement « le Préféré » ne figura pas dans les luttes qui suivirent celle où La Baliste avait failli l'emporter sur lui, mais encore son intime, l'Intraitable. Et, si celui-ci ne se montrait point, c'est que, parbleu! l'autre, allait de mal en pis & filait un noir coton... Auprès de qui s'instruire ? Où puiser quelques informations, où ? Tâtés à ce sujet, les jaseurs fieffés de la troupe s'étaient bien gardés de souffler mot, &, qui plus est, ces matamores, entre autres Arpin, Le Bœuf & Marseille de la Palud, qui se partageaient de nouveau la royauté des arènes, qu'une fois ravie aux émérites d'entre eux le carrier avait accaparée, affectaient à présent de faire bon marché de leur maître à tous, devant qui, si souvent, ils s'étaient prosternés de force & bien bas. « Oh! c'était vrai, très vrai, disaient-ils à tout bout de champ, ce nigaud les avait tombés, oui, mais ils étaient vaincus d'avance, la salle étant contre eux; ou bien le pied leur avait glissé juste au moment où la victoire leur riait; ou bien encore un éblouissement avait occasionné leur chute; & s'ils n'avaient pas été souffrants ou mal fichus, « le Vierge, ce coïon, » ne les aurait jamais, jamais culbutés, n'en déplaise à Grogne-Toujours; sans doute, icelui, quoique fort surfait, n'était pas le premier venu, mais chacun d'eux valait au moins le mal peigné qui vieillissait, grisonnait, perdait son poil, ses crocs comme son haleine, & n'avait ensuite que de traîtres coups; puis enfin, ce dur à cuire, ce mauvais coucheur, ce sacré bougre avait fait le serment de ne plus se carder avec qui que ce fût au monde, si, par hasard, il arrivait malheur à son ange; or, l'ange en question ne battait plus que d'une aile; il était impossible qu'il se relevât, il détalait au triple galop; il était tué, n, i, ni, fini, fini tout de bon, archi-fini! bientôt il rendrait l'âme & tournerait le beuglin, ce joli pierrot; enfin, lui mort & enterré, à eux l'empire! » A tout cela, le peuple n'opposait la plupart du temps que son dédain, & parfois, après avoir froncé les sourcils & protesté par ses murmures contre de telles hâbleries, il reposait en silence & presque avec plaisir ses regards sur le Loyal-Espagnol, qui, parmi tous les athlètes, était le seul à montrer beaucoup de retenue & non moins d'affliction. On savait qu'il était aimé de celui qu'on aimait, & chacun lui marquait combien son attitude correcte était sympathique à tous ; souvent aussi, dès qu'il entrait en lice, on se rappelait leur intéressant & gracieux combat, ainsi que sa noble conduite à lui, Blas, lorsque, encore debout, il avait déclaré généreusement que, « n'étant pas de taille, il renonçait ! » Ah ! comme à ce souvenir on le prônait d'ensemble ! & comme on se frotta les mains, un beau soir, quand, sous ses attaques ardentes & toujours de bonne guerre, on eut vu s'abattre Le Bœuf dont les rodomontades atroces avaient indigné tous les cœurs. Et lui, l'ami fidèle, même après sa victoire & pendant qu'on l'acclamait avec transport, il « n'en menait pas large » & semblait accablé de tristesse. On conclut alors de cette persistante inquiétude, si bien inscrite au beau milieu de son front, la fin peut-être prochaine, hélas! du natif de Bruniquel; aussi, vingt dieux! avec quelle stupéfaction d'abord & quelle allégresse ensuite, ce jour-là, entendit-on annoncer officiellement que le « fifi » redescendrait le lendemain dans l'arène! Il n'était donc pas sur les dents, il n'était donc point à quia, comme avaient essayé de le faire croire ses rivaux, ou plutôt ses inférieurs. On entendrait encore rugir le lion! on reverrait se hérisser sa belle crinière & luire ses beaux yeux. A la portée de ses griffes, il était possible, il était probable, il était certain que Pharnacope, Albus, Evariste, Unikouï, Larrieu, Monbars & tous les autres arrogants auraient la patte plus basse & la gueule moins haute. Et l'Africain, Yul l'Arête, qui, lui, péchait par la mémoire, à ce qu'il paraissait, avait assurément quelque chance de sentir de nouveau peser sur sa croupe d'ébène le pied blanc du Grand-Blond... Avant vingt-quatre heures, on en verrait, certes, de bleues, de noires, & peut-être de rouges aussi...

Mordioux! on vit, oui.

Le lendemain, avant, bien avant l'heure de l'ouverture des portes, le monde, assiégeant les guichets des arènes, se pressait tumultueusement contre les grilles au dehors, en attendant avec impatience le moment de prendre place au dedans, sur les gradins, autour des deux hémicycles, & l'on eût dit, tant était intense la fièvre des Maudurques, qu'ils dussent assister à l'un de ces spectacles vraiment exceptionnels qu'on ne donne jamais deux fois l'an. Hé, mon Dieu! l'archiprêtre officierait, il est vrai, mais ne l'avait-on pas vu déjà cent fois, & ne pourrait-on pas cent fois encore le voir officier en son église? Est-ce qu'il devait étonner aujourd'hui la foule plus qu'il ne l'avait fait hier, plus qu'il ne le ferait demain? ou bien avait-elle hâte, celle-ci, de juger par soi-même à quel point étaient peu fondées les espérances homicides des coadjuteurs jaloux de lui, & ses humaines alarmes, à elle ? Inquiétantes, ces diverses préoccupations agitaient bien à la rigueur la masse du peuple, oh ! mais moins, beaucoup moins qu'une sorte de pressentiment aussi cruel à l'esprit que lourd à l'âme. On voit souvent le populaire avoir de ces craintes énigmatiques, & que parfois un évènement prochain explique & justifie. Ainsi, l'on avait lieu d'être satisfait à la pensée de retrouver sain & sauf celui que la Camarde avait serré de près, &, loin d'en éprouver une dilatation de cœur douce, on se sentait obsédé d'on ne sait quelles appréhensions. Un silence des plus mornes avait donc succédé, sans qu'on s'en rendît compte, au ramage fatidique de tant de peureux assemblés ; & lorsque, enfin, on ouvrit les barrières, un mouvement d'hésitation, voire de recul, se manifesta chez tous ces citadins en proie aux mêmes angoisses. On finit cependant par entrer à la longue. « Assez-Ou-Je-Tape », en caleçon, la poitrine & les membres nus, que tout de suite en pénétrant dans l'enceinte on vit se balancer, avec ses allures d'ours habituelles, au-dessus de la plate-forme, avançait sa narine pincée & se mordillait l'ongle. Il n'avait pas le museau très serein, cet aimable pattu, non, certes, & les autres sans chemise, tous, hormis un seul, ennemis jurés du « Revenant, » exhibaient, au contraire, des yeux fort illuminés & des lèvres, en vérité, bien joviales. On ne fut point, sur les gradins, agréablement flatté du contraste, & la mauvaise impression qu'on en reçut augmenta les vagues craintes que chacun nourrissait en soi.

« Première lutte! attention, citoyens, » annonça la voix sonore du crieur du cirque : « Igex contre Arribial ».

Aussitôt le dernier désigné, qu'on ne connaissait pas si prompt, dévala bruyamment l'escalier, &, du dernier degré, s'élança dans la carrière, où le fat qui l'y suivit à pas comptés attrapa cette apostrophe en plein bec :

— On va te pommader !

Et là-dessus, sans onguents ni cosmétiques d'aucune espèce, « le coiffeur » opéra. Bien que ses jarrets fussent toujours très élastiques & ses *harpions* plus alertes que jamais, il eut cependant fort à faire pour ne venir à bout de rien, & même, à la fin, on trembla pour lui, qui, la tête prise sous l'une des aisselles & froissée aux coudes anguleux du faraud, un retors aussi ! résistait assez mal au rude coup de la *chancellerie*. « Y songes-tu ! dis donc, c'est toi que l'on frictionne ainsi ? » Déjà ses détracteurs, les bons confrères, qui tant de fois avaient éprouvé la verdeur de son bras & celle d'un bras encore plus écrasant que le sien, encourageaient de leurs sourires le malin qui le tripotait de la sorte, & celui-ci clignait des yeux, indiquant par là qu'il tenait son homme, quand, tout à coup, « la vieille bête », que chacun croyait suffoquée, gronda ! puis se redressa d'un trait, enlevant de terre & comprimant entre ses doigts gercés & noueux le surnommé Longue-Avoine, dont les membres battirent l'air, & qui, bientôt après, s'étalait tout à plat, ayant sur son ventre enfoncé Martin en furie. Une triple salve d'applaudissements ébranla le bâtiment de pierre, & le « Bourru », déjà sur pattes, & ne manquant pas d'haleine, appelait dédaigneusement de la droite comme de la gauche un efflanqué de vingt-cinq ans environ, ainsi qu'un trapu presque du même âge, également vexés de la chute d'Igex & brûlant tous deux de la venger. Ensemble, ils arrivèrent, exaspérés, à l'appel du brutal.

— L'un ou l'autre, fit-il en arrachant de sa barbe quatre ou cinq crins, qu'après les avoir roulés il mit ensuite entre ses dents pour y remplacer la courte tige de paille qu'il était accoutumé de mâchonner en luttant & que cette fois il avait involontairement avalée; à qui le tour?

— Au plus pressé, d'abord! prononça la foule unanime; Echaguë, le premier!

Immédiatement, le Sanglier de la Lorraine céda le pas au Loup-du-Gévaudan; & celui-ci, desservi plutôt que secondé par sa colère, alla maladroitement donner contre l'Ours-du-Nord, qui, vif comme un éclair, le coucha roide, selon les règles, d'un coup de hanche.

— A toi maintenant, Quadragale !

Et, sans tergiverser, « Père l'Antique », ayant accroché par le cou l'autre godelureau qui n'avait pas encore combattu, l'envoya fesses par-dessus tête demander au plancher des vaches si le « Balayeur des Fanfarons » avait encore, quoiqu'il grisonnât, du poil quelque part !

Hill, Agné, Balandrin, Arnaud Timbalier, les frères Upi, Kapdal & toute la bande hostile à « la Sainte-Trinité », c'est-à-dire au trio d'amis que nul ne pouvait désunir ni vaincre, étaient en désarroi; vainement tentèrent-ils d'amoindrir leur échec, on ne les écouta point. Ils eurent beau s'écrier, ces chicaneurs, que Machin, leur estimable camarade, avait pirouetté sur la tête, & que, ses épaules étant « indemnes », il fallait, comme de juste, annuler un si mauvais coup, le peuple trouva, lui, que le coup était très bon, décisif, & que Chose, ayant admirablement allongé

Machin, Machine & C⁰, il avait bien mérité de ses deux inséparables; bref, qu'ils étaient tous les trois, Le Gris, le Brun & le Blond, des flambards sans pareils & la fine fleur des arènes! Un peu moins réjoui qu'on ne l'eût désiré, « le Revêche » laissait passer la louange & paraissait vouloir s'en rendre plus digne encore aux dépens d'Upi l'aîné, lequel, ne consultant que sa bile, avait franchi les balustres & bondissait dans la lice...

— Encore celui-ci! fit la griffe noire du mangeur d'hommes, requérant du public la permission de courber ce nouvel ennemi; rien que celui-ci, je le veux, donnez-le-moi!

— Vite alors, fais vite, pendard; empoigne-le, hume-le, & que ce soit fini!

Tôt obéie, la foule, toujours avide de revoir son favori, mais dont l'impatience avait été jusque-là tenue en suspens par des vaillantises auxquelles il n'était pas absolument étranger, la foule acclamait avec frénésie le rude ouvrier, débarrassé en un tour de main du dernier assaillant, lorsque le puîné de ce présomptueux, s'étant jeté du haut des marches, s'accroupit en tombant sur l'échine du vainqueur. A cette agression inattendue, féroce & déloyale, qui souleva sur-le-champ une tempête de cris & de protestations, celui-ci plia les genoux; mais ses rotules ayant pénétré pesamment dans la gorge d'Upi major, toujours étalé sur les omoplates, & qui râlait de souffrance, il alla chercher derrière ses propres reins Upi junior, & le ramena par-devant en lambeaux & tout disloqué : cela fait, il réunit entre ses pattes les deux frères roulés dans le sable, &, montant ensuite sur leurs corps embrassés, il les maintint sous lui, pantelants à la fois de douleur & d'épouvante.

— Halte, animal!

Obéissant de nouveau, quoiqu'à regret, il lâcha sa proie; & malgré son triomphe, le plus éclatant qu'il eût peut-être obtenu jamais, il gravit, tout aussi hargneux, & même tout aussi triste qu'il les avait descendus avant le combat, les soixante degrés du vaste escalier intérieur, au sommet duquel le Loyal-Espagnol, en harnais de bataille, & les traits altérés, l'attendait. A diverses reprises, ils s'étreignirent en échangeant quelques paroles rapides; & plus d'un parmi la foule, au moment qu'ils se séparèrent, entendit le jeune qui disait au vieux :

— Oui, sois tranquille, on va leur donner du fil à retordre, & crever là, s'il le faut!

Et le bouillant tramontain, accouru dans l'arène, chargea sur-le-champ une sorte d'obèse, qui montrait orgueilleusement aux galeries ses ganglions, ses bourrelets, ses couennes, ses pieds, & son ventre d'hippopotame, & sa tête d'oiseau, toute sa molle charpente & toute sa carrure informe, enfin. Une fois, deux fois, trois fois, Blas, accélérant ses efforts & geignant sous le faix, ne put soulever tant de viande & si peu d'esprit.

— Ton chef de file roulera cette futaille; abandonne-la, menu.

— Non! répliqua-t-il aux trembleurs, elle n'est pas trop ronde pour moi.

Puis, ses dix doigts contractés autour de l'un des avant-bras de cet autre Falstaff, il prit un nouvel élan, &, s'étant retourné d'une pièce en opposant sa colonne vertébrale à la panse adipeuse du pataud, il lui fit perdre pied, le tint un instant sur la croupe, ployé en deux, & le projeta violemment, après lui avoir imprimé un mouvement de bascule qui ne suffit encore point ; tombée d'un seul bloc, la tête en avant dans le sable, où sa face apoplectique disparut à moitié, les jambes en haut, le crâne en bas, cette pyramide de graisse ainsi posée à rebours tâchait toute ruisselante à se remettre sur sa base ; mais, impitoyable & laissant voir sur tous ses traits qu'il fallait qu'il fût tel, celui qui l'avait déplacée, la poussant & la repoussant sans cesse, Arnaud Timbalier, archiprince des ventrus & roi des balourds, s'écroula tout à coup avec fracas, entraînant avec lui son laborieux destructeur, qui le couvrit en sens inverse, & dont les orteils crispés lui laborèrent très profondément la racine du cou & toute la figure...

— Atout, mon bedon !

Enthousiasmée des exploits de l'agile lieutenant du capitaine-général, & songeant aux merveilles que bientôt devant elle accomplirait celui-ci, la foule applaudissait à tout rompre.

— A présent, si les quatre goulus qui m'ont défié tout à l'heure en veulent encore, s'écria le Beau-Brun, souillé de poudre & déjà debout, on les servira rondement.

Interpellé de la sorte, le groupe assez éclairci des tranche-montagne contraires aux trois intimes eut des gestes abracadabrants & se précipita dans l'arène, envenimé :

— Nous moucher, toi, pécaïré? dit un grand escogriffe, en toisant le provocateur qui souriait; toi, morveux, toi?

— Moi-même, & tout de suite, pourvu que le peuple y daigne adhérer !

— Oui, l'on daigne, vas-y !

Le Castillan, en bas, au milieu de la lice, & le

Gascon, en haut sur la plate-forme, exprimèrent alors une satisfaction réelle, & tous les deux, ravis du décret qui venait d'être rendu, s'inclinèrent ensemble avec reconnaissance devant le souverain arbitre qui, tout étonné de leur joie, leur en eût peut-être demandé la cause du haut des gradins si le signal n'avait été donné de la reprise des luttes...

— Attention! observèrent à la fois plus de cent personnes, attention à toi, señorito! ton compétiteur a l'air diantrement en colère : il danse & regarde de travers.

Il eut beau danser & regarder de travers, ainsi qu'on le disait, Polycarpe Balandrin de Lyon ne fut pas assez grand pour avoir raison du « petit crapaud d'Espagne », qui le battit en un clin d'œil & fit ensuite mordre coup sur coup la poussière aux trois autres furibonds : Simplice Agné, Kapdal & l'Anglais Hill, encore intacts.

— Enlevé! Bravo! c'est ça! nous les avons! Ils y sont tous !

A ce rauque cantique d'allégresse, les spectateurs émerveillés, ou plutôt ébaubis, car jamais aucun artiste n'avait mieux tricoté des poignets, ni ne s'était montré plus expéditif que le transpyrénéen, levèrent la tête, & chacun d'eux vit alors un vieux sire, qui, pendant l'action, après chaque avantage, avait échangé des œillades d'intelligence avec son jeune compère victorieux, sauter en renâclant, ainsi que la bête dont il portait le nom, du haut des balustres dans l'arène, où, devant le clan vaincu, tous les deux s'embrassèrent chaudement, en hommes aussi fiers qu'heureux d'avoir rempli leur devoir.

— Hé, vigoureux! hé, chicard! hé, *madur !* s'écria le peuple entier, qui pensait que le Carrier de la Grésigne eût dû participer à cette liesse ; arrive donc, toi, seigneur!...

Au nom de celui que toutes les bouches appelaient avec passion, les deux triomphateurs se rembrunirent instantanément.

— Té, té! qu'est-ce qui vous défrise ?

Ils jetèrent autour d'eux un long regard chargé d'amertume, & la foule, au pourtour du cirque, eut de nouveau l'âme envahie de ces pressentiments singuliers dont tout le monde, sans exception, avait subi l'atteinte dans la rue, au moment même de l'ouverture des grilles. « Si le favori n'avait pas encore paru, c'est qu'il n'était pas sans doute en état de tenir ce qu'on avait promis peut-être à son insu. Parbleu ! rien de plus clair, cela ! La consternation des deux dévoués, qui l'aimaient au point de se sacrifier pour lui, n'en témoignait-elle pas suffisamment ? il filait une triste quenouille, il était bel & bien hypothéqué, le brave garçon, &, ma foi ! certes, on pouvait parier à coup sûr qu'on n'aurait pas ce soir-là le plaisir de le voir se tirer la bourre avec aucun de ses dénigreurs... Eh ! mais, au fait, en supposant qu'il eût eu assez de nerf pour se produire & que la grosse coqueluche dont il était atteint depuis peu lui eût permis de travailler à l'aise, avec qui donc ou plutôt contre qui se fût-il aligné ? Contre qui ?... Règle invariable :

un champion n'est jamais admis après sa défaite, & dans la même séance, à se représenter devant le public. Or, tous les lutteurs inscrits avaient été désarçonnés & mis hors de joute, sauf un seul, & celui-là, bon Dieu! ce chétif Provençal, aigre & faux entre tous ceux de la *croisade*, méritait-il, lui, d'être touché par la royale main de l'Incomparable! Oh! non, ce n'était pas lui, ce ne ne pouvait être lui, ce disgracieux, cet aztèque, ce puceron, ce zéro, ce rien, indigne même d'en être regardé de près ou de loin, qu'on destinait à l'honneur de se faire crever la paillasse par le Numéro Un? » On se disait encore cela qu'advint sans bruit Henry Nivuzet le *Chacal de Monaco*.

— Qui t'envoie?

Exsangue, déprimé, malsain, l'œil oblique, le front fuyant, la chair terreuse, le bas ventre & les reins couverts d'une bure noire, lamée de blanc, il dévalait...

— Où va-t-il?

A mi-pente, Numéro-Deux & Numéro-Trois l'abordèrent. Il répliqua par une contraction des lèvres qui sembla vouloir être un sourire d'assentiment aux paroles graves qu'ils lui tinrent l'un & l'autre, parlant bas à son oreille, &, pendant qu'ils remontaient en toute hâte les degrés, il mit, lui, les pieds dans la lice, en se donnant de tels airs, qu'on le hua de toutes parts. Se secouant sous les bordées, équivoque & torve, hérissé comme une hyène, avec des ondulations de serpent, il rampa jusqu'au centre de l'arène, à ce moment coupée, le soleil au déclin distribuant inégalement ses chaudes lueurs, en deux zones très distinctes, l'une dorée par les rayons, l'autre dans l'ombre, & c'est droit à celle-ci qu'alla ce hibou, sans hésiter une seconde.

— Or çà! lui cria-t-on, est-ce vrai que tu prétends t'égaler à notre Phébus, toi, caricature?

Il ne répondit ni oui ni non, & montra ses dents aiguës aux galeries...

— Un coup de son pouce, & bonsoir, gringalet, tu sombres.

— Et si sa bouche te souffle dessus, adieu, tu t'envoles jusqu'aux astres.

— Silence... écoutez ceci.

— Quoi?

— Curieuse bataille! Un pou va se repaître d'un lion & l'engloutir en une bouchée!

— Une seule?

— Oui, monde, & le digérer vif.

— Hé, truands, hé!

— Quoi?

— Ce noble se fâche! il nous montre la lune en plein midi.

— Par exemple! à la porte, ce mirliflor, à la porte.

— Attendez donc que son passe-port lui soit signé par le Tomb...!

Il ne put en jaillir davantage de la gorge des gens. Un cadavre avait surgi d'on ne sait où, qui planait là, là, debout & livide, sur la plate-forme. Il respirait, il haletait, il vivait, ce mort, flottant au-dessus des marches. Ses fidèles à ses côtés, l'un à droite &

l'autre à gauche, prêts à le recevoir entre leurs mains, l'escortèrent jusqu'au seuil de la lice. Au moment d'y pénétrer, il leur fit un geste impératif, & tous les deux, soupirant comme on sanglote, s'étant postés docilement derrière les balustres, il reprit son allure rythmée & sourde, pareille à celle d'un fantôme, & se glissa dans l'arène, où, frappé d'aplomb par la lumière, il apparut en toute sa splendeur. Eh quoi! ce long décharné, ce spectre imprévu, ce corps déjà sans âme & sous la peau duquel transparaissaient os, muscles, nerfs & vertèbres, tout le squelette; ces quatre membres aussi secs que quatre tiges d'acier; cette face camuse & tout en dents; ce front ainsi percé de deux trous noirs & profonds comme la nuit; ce buste anguleux & affaissé, ce crâne où n'étincelait plus & ne vibrait plus la grande chevelure blonde si lumineuse, enfin cette carcasse sans nom : Albe, le bel Albe, çà? Lui-même; hélas! c'était bien lui. Ventredieu! qui l'avait contraint à sortir des ténèbres & l'avait ainsi poussé vers le jour? Ah!

certes, s'il s'était traîné jusque-là, ce n'avait pas été de son plein gré. Pour qu'il fût descendu moribond de sa couche, il fallait qu'il eût subi, le malheureux, une tyrannie de fer, & c'était évidemment pour l'y voir anéantir qu'on l'avait forcé à se rendre dans la carrière où si souvent il avait triomphé. Bien, fort bien ; oui, mais on avait compté sans le peuple souverain, & celui-ci, non! ne permettrait pas qu'il agonisât & mourût là, achevé par un vermisseau, cet alérion.

— N'y touche point, tonnèrent en même temps mille voix épouvantées & furieuses, n'y touche pas, Monégasque !

Ompdrailles joignit les mains comme un pauvre qui demande l'aumône, &, par signes, implora la foule, afin qu'elle lui fît la grâce de le laisser en découdre avec le fourbe avéré qu'on accablait d'invectives. Il avait, quoique expirant, encore du prestige, & savait se faire obéir aussi, lui, ce dominateur asservi. Personne n'osa lui crier : « Non ! non ! » & l'on ferma les yeux pour ne pas être témoin de son inévitable chute. Ebloui par les rais versicolores du couchant, il avait reculé jusqu'aux deux guivres de bronze qui défendent l'accès de l'arène, & c'est là qu'il reçut en frémissant de fond en comble les premiers heurts du trigaud, auquel il riposta bien mollement, & qui pourtant, tout confondu, fléchit les genoux devant la chancelante Majesté. Quoi! malgré sa souffrance, il avait encore fait tout ça, le pulmonique en rupture d'âme. Ah! c'était bien assez ainsi. Non, non, le *tyran* ignoré ne pouvait en exiger davantage, & le peuple ne devait pas en permettre plus.

— Sufficit ! halte-là !

Mais lui, trop servile esclave d'un despote inconnu, persista. La froidure mortelle aux entrailles, il continuait à tousser sous les étreintes d'un drôle, peut-être stipendié, quand, par hasard, ayant effleuré de ses doigts émaciés sa poitrine sifflante, il tressaillit & se courba, troublé.

— Qu'a-t-il donc ?

Un joyau qui, retenu par un cordonnet de soie rouge, lui pendait au cou tout à l'heure encore, un bijou qu'on avait déjà vu sur lui le jour de sa lutte contre Edouard La Baliste, un riche médaillon d'or en forme de cœur & tout incrusté de diamants qui reluisaient au soleil, avait, l'attache s'étant rompue, coulé jusqu'à terre & disparu dans la poudre, où, maintenant sans pouls, sans haleine, ahuri, frissonnant, aussi blême qu'un trépassé, les genoux ployés & l'échine horizontale, il le cherchait à tâtons, d'une main, tandis que de l'autre il repoussait, à demi couché sur l'un de ses flancs & pareil au gladiateur blessé, les assauts sans cesse réitérés & de plus en plus sauvages du Chacal.

— Aoh! hurla du haut de la plate-forme le grognard de la troupe en levant ses poings énormes au ciel, lâche, cafard, polisson, fourbe, patarin, misérable, est-ce ainsi... ?

Ce débordement d'injures assénées au plus méprisable des hères révélait bien des secrets à la foule.

elle comprit alors que si les deux vaillants, acclamés par elle tout à l'heure, s'étaient imposé la rude tâche de renverser successivement toutes les célébrités annoncées sur l'affiche, c'est qu'ils voulaient à tout prix que pas un de ces paons ne pût se vanter d'avoir terrassé le Tombeau-des-Lutteurs ; elle s'expliqua de même pourquoi celui-ci, le malheureux, étant *forcé* de livrer bataille à de pareils oiseaux, eux deux, les braves gens, avaient volontairement laissé debout seul, tout seul, le vil Provençal, par qui l'Aigle, en tout état de cause, ne saurait être diminué d'une ligne ; elle crut saisir en outre que si celui-là, cœur de boue & bras vénal, s'était engagé, d'une part, à ne pas disputer la suprême palme au mourant, il avait été, d'autre part, acheté, payé rubis sur l'ongle pour la lui ravir : aussi, remuée jusqu'aux moëlles & souhaitant ardemment, tout comme ceux dont elle avait admiré naguère le dévouement fraternel, que le héros gardât sa réputation d'invincible au delà de la tombe, ordonna-t-elle, la foule, que le combat cessât aussitôt : trop tard, il était trop tard d'une seconde. Enlacé honteusement par derrière, pris sous les aisselles pendant que, tout pâmé, baisant son médaillon enfin retrouvé dans le sable, il se relevait, le tenant entre les doigts, ainsi qu'un prêtre officiant y tient l'hostie, le Roi des Athlètes, déraciné, s'était abattu sur ses quatre membres avec le bruit d'un arbre mort qui tombe sur les branches, & tout autour de lui déjà Nivuzet osait, le traître, palpiter de joie & croasser d'orgueil. Une patte vengeresse, une griffe ursine, châtia ce corbeau. L'on applaudit au redresseur &, de tous côtés, on s'élança de l'amphithéâtre en pleine lice, où, blanc & long-étendu sur le sol, ainsi qu'une statue arrachée de son piédestal, le *vaincu* soufflait à peine!

— Ami! fils! enfant!

Il disjoignit ses paupières, haussa le front, & s'appuya sur l'un de ses coudes. S'y maintenant un instant, il salua du geste de ceux qui vont mourir le peuple en émoi, puis, ses yeux grands ouverts étant devenus vitreux, il retomba tout d'un coup sur le dos, & ses

cheveux, ses cheveux de flamme, où s'étaient posées tant de couronnes, si magnifiquement conquises, traînèrent de ci, de là, parmi la poussière, éteints & déshonorés. « Soutenez-le ! enlevez-le ! » Il ne voyait plus rien, il n'entendait plus rien. On l'appelait, il ne bougeait point, &, du crâne aux orteils, tout son corps était aussi froid que la glace & rigide comme elle. Atterrés & terrifiés, ses deux frères d'armes se penchèrent sur lui.

— Vit-il ? interrogea-t-on, vit-il ?

— Hé ! non ! répondit l'un, ânonnant comme les bègues, non pas !

— Si, si fait, cria l'autre d'une voix enrouée & terrible en soulevant entre ses bras le grand corps inanimé ; de l'air, au large ! de l'air, place !.. arrière ! il respire...

Et, sans plier sous le glorieux fardeau qu'il portait pieusement, Arribial gravit les soixante marches de pierre, suivi jusque sur la plate-forme par le peuple en tumulte, & là, front sourcilleux & dents serrées, il dit à Blas, pour le moins aussi décomposé que l'agonisant lui-même :

— *Elle* nous l'a tué !... S'il meurt, entends-tu, je la tuerai, moi.

Puis, après ces paroles obscures, tous les deux ensemble, emportant avec eux leur vénéré compagnon évanoui, longèrent un corridor flanqué de murs ajourés de meurtrières, & disparurent en un pavillon élevé sur l'entablement sphérique de l'édifice & dont un côté du toit saillait, comme un auvent, sous le velarium, au-dessus d'une partie de l'amphithéâtre à ciel ouvert des arènes. Silencieuse & massée dans l'enceinte, la foule attendait un mot de consolation & ne voulait pas se retirer avant de l'avoir reçu de la bouche même de Martin. Il fallut bien la satisfaire. Huit ou dix pieds plus haut que la substruction, un des vasistas existant au flanc visible du pavillon se leva soudain, & par la baie aussitôt passa la figure hagarde & désolée de l'Ours-du-Nord. D'un verbe embarrassé de sanglots & de glaires, il affirma, du faîte du cirque, « que le « *pitchounet* » avait enfin repris connaissance, & que les marchands de mort subite accourus répondaient... presque de lui ».

— Bien vrai ?

— Vrai !

Presque ? Un bon billet qu'on avait là... Tous farceurs, ces carabins ! Ils en répondaient presque, de la vie du « malade », ou, pour bien dire en français & même en gascon, ils se défiaient à tel point de la vertu de leurs drogues que, si ce très cher en réchappait, contrairement à leur attente, eux, savantissimes, ne seraient à peu près pour rien en cela. Mort-Dieu ! quoique entortillée, la pronostication était fort explicite & très peu rassurante, en vérité ! mais, somme toute, après un avertissement pareil, on pouvait, en agissant, sinon affranchir le dolent, du moins apporter quelque soulagement à ses maux & les restreindre. Une, deux, trois, à l'œuvre ! Aussitôt dit, aussitôt fait ; on organisa, séance tenante, une souscription, & ce ne furent pas les moins fortunés qui se firent tirer l'oreille &

barguignèrent. Argent, linge, couvertures de laine &
draps de lit, hardes de toutes sortes arrivèrent à foison
& furent reçus au bureau de la commission élue *ad
hoc*. Chacun, par son offrande, avait hâte d'exposer
ses chaudes sympathies pour le charmant garçon si
cruellement atteint, & personne n'eut le cœur insensible,
ni l'obole tant soit peu retardataire. Or, une semaine
suffit très amplement à récolter une somme assez
ronde, telle qu'un bateleur invalide n'en posséda
jamais de semblable, & l'on prit rendez-vous afin de
la déposer en chœur aux arènes, la première fois
qu'elles s'ouvriraient. Il en fut ainsi qu'on en avait
projeté : le jour venu, vingt mille contributaires gar-
nissaient les gradins au moment où Rabasson, de
Paris, & Montbars l'Exterminateur-des-Hercules,
dernier descendant du boucanier de la Havane, s'atta-
quant, une voix, celle du président du Comité de
Secours, requit la présence du directeur des arènes &
manda sur-le-champ « Pater & Frater ». Après diverses allées & venues, on répondit à cette injonc-

tion que, fort occupés auprès du grabataire, les deux
« méritants », ainsi désignés, se refusaient à quitter
le chevet de son lit. Tout le peuple, à ces mots, s'émut
follement & déclara qu'il n'était pas là pour contempler celui-ci ni celui-là, mais pour accomplir son devoir,
& que, si les susdits étaient en train de remplir le leur,
ils n'avaient pas le droit, que diable! de mettre obstacle à ce que le monde se comportât bien aussi...

— Donc, qu'ils arrivent!

— Ensemble!

— Immédiatement!

Et comme, en dépit de mille cris divers tendant tous
au même but, les deux « hospitaliers » ne s'empressaient point de paraître, on finit par signifier au régisseur en chef que le chemin qui mène sous les combles du cirque était connu de tous, & que, si ces sacrés
têtus ne voulaient pas se déranger une petite minute,
on allait simplement escalader la rampe & les re-
lancer là même où l'on savait très bien qu'ils étaient
l'un & l'autre. A ces propos suivis d'un commen-

cement d'exécution, intervint, affolé, l'impresario, qui, sollicitant en vain quelque répit, dut, pour rétablir l'ordre, s'engager à faire venir immédiatement ceux dont on exigeait la comparution personnelle. On se tut alors & l'on guetta patiemment les garde-malade, qui se montrèrent enfin sur la plate-forme, où les accueillit aussitôt un tonnerre d'applaudissements. Sombres, portant imprimée sur le front la trace de leurs veilles & de leurs angoisses, ils se dépêchèrent de demander à la foule ce qu'elle souhaitait d'eux. Un blousier se leva. Lorsqu'il eut péroré, les deux comparants se regardèrent un instant en silence : après quoi, le plus âgé des deux, & non pas le moins lugubre, indiquant qu'il se disposait à répondre, étendit sa membrure & mut ses babines. Si dilatées vraiment que fussent toutes les ouïes, on ne perçut d'abord qu'un soupir rauque, un autre, un autre encore, & puis rien, absolument rien. Navré, moitié pleurant, moitié rechignant, ce morose avait noué ses pattes autour de sa gorge & semblait vouloir en arracher on ne sait quoi qui l'y gênait. Enfin, s'étant tourné vers son adjoint, il parvint à lui dire ceci : « Ça ne veut pas sortir... glousse donc, toi, si tu peux... » En tout autre endroit & dans toute autre circonstance, il eût été fort possible qu'un tel avortement eût provoqué quelque large explosion de rire & valu quelque lardon au stérile harangueur, mais on n'était pas venu processionnellement au cirque afin de s'ébaudir aux dépens de quiconque, & personne n'avait à cette heure aucun goût à la plaisanterie : aussi se contenta-t-on de se serrer davantage les uns contre les autres, & l'on attendit sans goguenarder que le Loyal-Espagnol se décidât à prendre à son tour la parole...

— Ecoutez !

Il s'avança, sérieux, la casquette à la main, sur l'extrême bord de la rampe, & commença par remercier les Maudurques des égards inouïs qu'ils avaient eus pour le meilleur des bons ; ensuite il ajouta que celui-ci n'oublierait jamais de semblables preuves d'affection, & que, s'il recouvrait ses forces, il cher-

cherait sans cesse & trouverait peut-être un jour le moyen de témoigner sa reconnaissance à tous les citoyens de la noble ville; en somme, s'il n'allait pas mieux encore, il ne se sentait pas pis, & ses familiers, ainsi que lui-même d'ailleurs, espéraient beaucoup que l'air natal lui rendrait la santé très-rapidement ; cette opinion était partagée par ses médecins, les meilleurs de la province, qui, s'étant longuement consultés, avaient enfin déclaré qu'il pouvait être transporté sans danger aux Pierrières de la Grésigne, proche Bruniquel, en Rouergue; or donc, il s'embarquait, le soir même, le pauvre enfant, accompagné de son vieux tuteur, à qui, tout à l'heure, un trouble fort naturel avait ôté les moyens de s'exprimer clairement. On devait être tranquille: en de telles mains, aucuns risques à courir : il serait bien gardé, soigné comme un petit poulet, le Grand-Coq ! &, certes, n'aurait rien à craindre des malintentionnés, bêtes ou gens; quant à lui, Blas, obligé, contraint, à son très cuisant regret, de rester à la ville, où le retenaient sa femme & ses cinq marmousets, il serait trop heureux de transmettre au public, & surtout lorsqu'elles seraient favorables, des nouvelles de celui que tout le monde, à Mauhors, choyait tant, hormis certains sacripants que l'envie empêchait de dormir...

— On les connaît, ces estafiers, on les prise à leur valeur !

Interrompu par les approbations bruyantes de la foule au moment où du haut de l'estrade il jetait un regard écrasant de dédain sur les conjurateurs, qui, rangés en bas autour de la balustrade, avaient baissé la tête & n'osaient plus sourire de pitié ni hausser les épaules à présent, ces bravaches, toujours prêts à décocher le coup de pied de l'âne au lion ! le mordant discoureur laissa s'apaiser toutes les houles, &, beaucoup plus acerbe encore, appliquant sa main droite sur sa poitrine, il poursuivit ainsi, d'une voix moins concentrée :

« *Hombres*, si celui qui va quitter les arènes y retourne jamais, il bridera, comme je la briderai tant qu'il sera loin d'ici, la gueule aux méchants apôtres qui déblatèrent sans raison contre lui. Ces phénix-là, qu'ils se lèvent! Aucun d'eux, j'en suis sûr, ne décrochera le soleil! On les a vus à l'œuvre, ces aboyeurs, ces dévorants. Si le piqueur qui les a si souvent fouaillés n'est plus là, nous y sommes encore, &, *por Dios!* on apprendra que nous avons aussi, nous, tout ce qu'il faut pour tenir un fouet & pousser les chiens au chenil! Le cœur sur la main, la main ouverte ou fermée à l'occasion & constamment au service des ayant-droit, tel fut & tel est notre excellent camarade, que j'aime à cause de ça, *carajo!* de même que d'un autre côté, vous, citoyens, vous l'aimez, pour sa puissance & sa douceur incomparables! Il ressuscitera, qu'on le sache, il redescendra de sa montagne, & gare alors ses rudes pinces!... »

— Oui : c'est tout à fait ça! bientôt il nous reviendra, guéri!

— Plus étonnant que jamais!

— Solide comme le fer!

— Aussi dur qu'un granit.

— Toujours affable !

— Ainsi soit-il ! les bons vents l'accompagnent & qu'il pense à nous !

— Salut, salut à Lui, proficiat !

Il dut très certainement, l'affligé qu'on honorait de la sorte, percevoir de son lit de douleur ces vivats universels, qui ne cessèrent un peu que lorsque certain muet, accroupi sur la plate-forme, eut rattrapé sa langue, & quelle langue !

— Ah ! c'est toi, noir museau ! D'où sors-tu tout enfariné ? que prêches-tu ? ne mâche pas tes oraisons ; on t'écoute... hein ?

Effaré, l'ours, le bon ours se consuma si bien en grimaces & grondements qu'il réussit enfin à faire entendre au public que le vacarme, arrivant aux charpentes du toit, importunait le « *junhomme* », qui, Dieu merci ! n'était pas assez sourd pour ne pas ouïr les braillards qui gueulaient ainsi. Lors, dès qu'on eut reçu cette farouche invitation au calme, on se contint,

& quelques instants après, le précédent orateur ayant répété que chaque fois « qu'il y aurait lutte », il fournirait lui-même au peuple des nouvelles « du Chéri, » l'on s'ébranla silencieusement sur cette promesse formelle, & tout le monde évacua sur la pointe des pieds les gradins, personne ne se souciant guère, ma foi ! d'assister aux joutes qui n'avaient pas encore eu lieu, mais dans lesquelles ne pouvait point figurer celui dont les bagages, hélas ! trop minces, roulaient déjà vers les Pics d'Aujols !

Il partit, aussi, le Carrier...

Réellement, après la manifestation qui s'était produite au cirque & dans la ville, un gérant de spectacles populaires si digne de l'être eût bien mal servi ses propres intérêts en ne spéculant pas aussitôt sur les sentiments du public : aussi, le directeur des arènes, en barnum fort avisé qu'il était, n'eut garde de laisser échapper la belle occasion qu'il avait de faire de grosses recettes à peu de frais. Une mine d'or pour un coup de tam-tam, où sont donc ceux-là qui hésiteraient à le donner? Evidemment, les deux premiers sujets disparus, inutile de songer un seul instant à affriander le peuple épris de ces pensionnaires hors ligne, & qu'il eût été complètement impossible de remplacer, en lui vantant le mérite de la troupe athlétique ainsi, démembrée, ou plutôt entièrement décapitée ; il fallait pour l'attirer au colisée un autre appât, & le meilleur était tout choisi ; quelqu'un, exempt de malice, l'avait involontairement trouvé ; restait à s'en servir. On en usa. Loin donc de magnifier Albus, Ænit la Rancune, Igex Longue-Avoine, Upi frères, Edouard la Baliste, Arû, Rouge-Œil, Landry, Xaliz, Zabo, Ça-Va, L'Œuf, Fa-Ré, Carabansail le Maflu, Patouillard dit Sans-Souci, Quid, Dau, Walman, Nané, Kapdal, Lodoï, Boum, Maximilien-Victor La Templinerie, Adalbert Pharnacope, le Fléau-des-Devoirants & Ramon, en un mot tous ceux que leur conduite à l'égard de l'idole du peuple avait rendus antipathiques à l'amateur, on publia à son de trompe, ensuite dans les feuilles locales, puis encore au moyen d'innombrables prospectus distribués matin

& soir aux quatre coins de la cité, ce très important

AVIS

L'Administration des arènes, jalouse de satisfaire aux vœux légitimes du public, a l'honneur de le prévenir que, s'étant, à cet effet, imposé des sacrifices très lourds, elle achève d'organiser un service d'estafettes spécial, comprenant quinze chevaux de course, & même nombre de jockeys, qui fonctionnera sans cesse entre Mauhors & le Rouergue, en sorte qu'on aura chaque jour, à la première heure, en ville des informations précises sur la santé de l'Antinoüs Occitanien, lesquelles, affichées dès leur réception à l'intérieur du cirque, seront lues & commentées trois fois la semaine en séance solennelle, par qui? par le plus fier hidalgo de l'Ibérie, intitulé d'une commune voix le Modèle-des-Amis, *le* Flambeau-du-Devoir, *l'*Honneur-même, *lequel, après s'être acquitté des soins pieux à lui dévolus, saura, toujours animé de la plus* *pure amitié, confondre en présence du peuple réuni la jactance des myrmidons qui ne rendront point hommage à l'atlas que, lui, nouveau Nisus, considère comme son Euryale!... &, nonobstant tous les frais qu'une pareille sollicitude met à la charge de la Société, le prix des places, si modique déjà, ne sera pas augmenté d'un sou!*

Chacun épelait cela dans les gazettes, on le voyait placardé sur les murailles, on se le disait à l'atelier, à la guinguette, aux halles, ici, là, partout & sans cesse. Ah! le fameux boniment! On s'y laissa prendre avec d'autant plus de facilité qu'on ne désirait rien de mieux que ce qu'il promettait, & que tout le monde, en somme, était involontairement complice de la spéculation d'un seul. La riche inspiration qu'avait eue là cet industriel! Impossible de ne pas se rendre à son irrésistible invitation! Aussi bientôt arriva-t-on en masse aux bureaux du cirque & s'y disputa-t-on le moindre billet avec acharnement ;

Entrait qui pouvait! une fois dedans, on s'asseyait les uns sur les autres, & l'on causait à l'envi de l'absent & des Pierrières de la Grésigne, où peut-être il était en train de rendre l'âme, & peut-être aussi de réparer son corps. En reviendrait-il, de la montagne ? Y mourrait-il ? Là seulement était toute la question, & l'on ne voulait absolument pas entendre parler d'autre chose. Urbain le Borgne-des-Ardennes, Salamalek, Christian, Yvonni Tête-de-Roc, Humbert Ier ainsi que les autres, avaient beau « se décarcasser en s'astiquant », on ne cessait de jaser & l'on ne regardait dans la lice que lorsque « Si! - Señor » y descendait pour s'attraper avec les blasphémateurs du Dieu qu'il avait juré de leur faire adorer. Et, soit que ceux-ci, peu délicats, ayant la patte graissée & le mot d'ordre, eussent abdiqué leur dignité jusqu'au point de concourir à leur propre déroute, ou soit que celui-là, trop droit pour être de connivence avec eux & l'auteur de la trame, eût réellement les forces exaltées par les louanges qu'on lui prodiguait à chaque instant, à gauche comme à droite, il battait toute cette séquelle à plate couture après quoi, gravissant l'escalier de pierre & se plaçant au centre de la plate-forme, il relatait à la foule, aussi simple que lui, tous les faits & gestes de l'infirme, ainsi que ceux de son infirmier, & rien n'était moins aisé : tantôt, en effet, ce dernier mandait que l'autre reverdissait à tire-larigot ; tantôt qu'il déclinait à bride abattue, & même quelquefois, se contredisant à chaque ligne dans ses dépêches, l'ours-de-garde affirmait en même temps que l'ourson était hors d'affaire, & qu'il était rasé ! Ma foi ! le peuple écoutait de toutes ses oreilles &, soucieux de bien ouïr chaque syllabe, exigeait que le lecteur répétât lentement les phrases, trop vite proférées, & qu'il posât trois points au moins sur chaque *i*. Se prêtant volontiers aux divers caprices des galeries, surtout s'il avait à narrer des évènements agréables à tous sans doute, mais plus doux encore à lui-même qu'à quiconque, l'honnête « commissaire », dégoisant toujours à la bonne franquette, sans se douter aucunement du personnage qu'il jouait si bien à son insu, rebroyait les mêmes mots aussi souvent que l'auditoire le voulait, &, contents d'en avoir eu pour leur argent, si les gens étaient venus le dimanche aux arènes, ils y revenaient le jeudi. Cela se renouvela plusieurs fois la semaine pendant près d'un semestre, &, certes, la direction souhaitait que de tels errements se perpétuassent, mais le Loyal-Espagnol, ayant fini par pénétrer le secret de la comédie, se coléra tellement qu'en dépit de toutes les sollicitations pour l'en détourner, il apprit au public que, décidément, la « Grand-Nonnain » convalescente était sauvée ! & prête à fesser les effrontés qui se permettaient de chiffonner sa vertu.

— Parfait, cria-t-on des combles aux assises, & quand sera-t-il là ?

— Tôt.

— Alors nous rirons ici ?

— Bien entendu !...

Que la foule reçût joyeusement de semblables assurances, rien de plus normal, oui ; mais cela ne faisait point du tout le compte de la caisse, du tout, du tout, & celui qui seul en avait les clefs, supputant très-penaud les cent & les mille qui l'eussent enflée encore sans les révélations intempestives d'un imbécile à qui l'on revaudrait tôt ou tard d'avoir éventé toutes les mèches, se demandait en vain comment on s'y prendrait désormais pour attirer les bons Maudurques au cirque, où pendant si longtemps ils n'étaient entrés que pour s'entretenir du valétudinaire dont la guérison, incomplète encore, mais certaine à bref délai, leur était, hélas! connue?... Heureusement pour l'administration aux abois, le hasard se mit de la partie & lui procura fort à propos un nouvel élément d'attraction que, dare, dare, elle exploita.

Voici :

Récemment embauché par les racoleurs du cirque dans la troupe athlétique, un Auvergnat assez loquace & fort goguelu, répondant au nom de Pascalou, s'était mis à raconter des choses si baroques que d'abord on n'avait trop su qu'en penser, & dont chacun, à cette heure, glosait à l'envi, car, vraiment, elles valaient qu'on s'y arrêtât :

« Tabernacles & carcères! Etait-ce une menterie ou non?... Ne prétendait-il pas, cet évaporé de Saint-Flour, avoir été témoin, dans la plus riche maison de la ville, où lui-même, alors cocher, était en condition, des amourettes clandestines d'une dame de très haut parage, qui, pour être des plus huppées & veuve d'un aristo de son acabit, n'en était pas moins pour cela ragoûtante, & s'abstenait bien de cracher sur les mâles de la basse classe, surtout quand ils étaient beaux & bien équarris. Ah! fouchtra! la princesse avait des goûts passablement cocasses! Au dernier festival de Saint-Ory, ne s'était-elle pas avisée de se rendre, habillée en homme, aux arènes, où, mêlée au public, elle assista, sans être reconnue, au spectacle qui, ce jour-là, traîna fort en longueur; & quand, toute remuée & poussant de gros soupirs comme une demoiselle au sortir de confesse, elle eut rejoint son berlingot, stationnant entre les deux succursales, le teneur de guides qui n'avait jamais eu de la cire aux yeux ni les yeux à la poche, remarqua bien alors, pardi ! que si cette citoyenne tremblante comme une feuille était aussi déteinte qu'une morte, ses fumeuses prunelles, très-vivantes, flambaient à l'instar de deux tisons. Hue! fouette! On roula. Remise en son hôtel, elle s'était fourrée au lit tout de suite, avait gémi sous ses courtines jusqu'à trois heures de la nuit, &, sur le matin, avait eu des attaques de nerfs qui n'en finissaient plus & recommençaient toujours, au dire de sa camérière, une fine mouche, positivement. Or, celle-ci, Francésette, ou plutôt *Césette*, que trop de gens, hélas! connaissaient à fond de haut en bas, sans en oublier rien! ajouta, la maligne, que sa maîtresse avait des rats dans la tête, & qu'il ne serait pas étonnant qu'elle devînt folle tôt ou tard. Ah! bien oui, folle? Pas du tout! Elle n'avait qu'un peu de chagrin qui passa bientôt ; la preuve, c'est que le mardi d'après elle nageait dans la joie. Un beau merle s'était encagé la veille au soir dans la tourelle du palais, & n'en était parti qu'au petit jour, la pendule ayant fait à peu près le tour du cadran. En s'envolant, ce fier moineau digne des plus nobles moinelles, éberlué comme qui vient de voir de près la lune, le soleil & toutes les étoiles du paradis, s'était, au bout de la cour & près de la pompe, heurté par mégarde à certain matou qui déguerpissait tout ronronnant & tout éjoui de la niche obscure où gîtait sa chatte, la soubrette, à qui bientôt il toucha trois mots de ça. La coquine, au lieu de desserrer les dents, car elle aurait eu trop peur de se compromettre en babillant, & de perdre sa place, laquelle était fameusement bonne, avait au contraire verrouillé son bec, & s'était bornée finalement à recommander le plus grand silence à son minet, qui, lui, fort maniable, & d'ailleurs ne voulant pas contrarier une si compatissante jeunesse, s'était contenté d'empocher, sans se faire prier plus que de raison, quelques rondelles jaunes & non pas blanches, en or & non en cuivre, dont la recommandation était, ma foi! très bien accompagnée. Eh! mon Dieu! cela ne l'avait pas empêché de regarder à travers toutes les fentes & de circuler dans tous les êtres sans avoir l'air de se douter de rien. Ni vu ni connu, je t'embrouille ! Le grand gaillard arrivait chaque soir à la même heure, comme le facteur de la poste, & ne s'en retournait que le lendemain à midi. Ce manège durait depuis un mois à peine, lorsque le visiteur, qui pourtant était reçu de mieux en mieux chez la patronne, au rapport cette fois de la cuisinière, une grosse dondon qui ne détestait pas les cochers, elle non plus ! tomba subitement dans une mélancolie noire. Y avait-il eu du grabuge ? Ignorance complète à ce sujet. Toujours est-il qu'à dater de ce moment-là, le galant maigrit à vue d'œil & que bientôt il eut la mine d'un déterré. Souvent, à pointe d'aube, quand il descendait des appartements & qu'il traversait la cour, un curieux, qui tâchait, hélas, en vain de ne plus l'être, caché dans la remise, & le guettant à la sortie, avait vu faire des S, rayer en zigzag, à la guise des amateurs de la bouteille qui ont trop pinté. Cela n'était pas compréhensible & ne pouvait du tout entrer dans une caboche du Cantal. Oh! vrai de vrai! ça l'intriguait!... à tel point qu'il n'avait su se défendre de dire à la petite aux quibus : « Elle le fait donc bien boire, la bourgeoise ? » Et voilà qu'au lieu de répondre, là, comme il eût fallu, la finaude s'était prise à rire, en soufflant: «Tais-toi, mon bébé; piano! motus!» Il n'avait ni branlé ni sonné, lui, comme de juste; mais, n'ayant pas de la cire aux yeux, il continua simplement à voir clair. Rompu, pécaïré! allant de mal en pis, Joli-Cœur semblait, tout *chair tourné*; pour peu que ça roulât ainsi, bernique! enfoncé! bonsoir à tous, sa dégringolade ne faisait pas l'ombre d'un doute. Avait-il été dégraissé, ce malheureux! Et comme il flageolait sur ses échasses! Un beau matin, ne sachant plus avancer ni reculer, il s'était aplati comme une poire blette au beau milieu du porche. Aussitôt, toujours serviable, Quatre-Yeux, se trouvant encore là par hasard, l'avait aidé à se relever & même à regagner le salon du premier étage, où, sans questionner personne, il l'avait laissé, respirant à peine, entre les mains de Mlle Friponneau, qui, deux ou trois heures plus tard, était venue en bas dire d'atteler tout de suite les bai-zain à la calèche couverte. Allons-y! Cric! crac! en un tour de main tout fut prêt & Nicolas sur son siège. Au bout d'un assez gros moment, le pauvre gars apparut tout piètre encore & se hissa péniblement dans la voiture. Après lui, *Madame* y monta, puis, en route, allume! On avait galopé dix minutes à travers les rues, & l'équipage s'était arrêté, selon la consigne, dans une ruelle, rez les arènes, à côté, tout à côté de la petite entrée des lutteurs. Saprediennne! une fois là, quel chamaillis dans la berline! « Oh! non, non, non! Aglaé, protestait-il sans cesse, Lui; n'insiste point, ce n'est pas possible. » Elle, madame, répliquait invariablement : « Il le faut, mon chéri, je le veux ! » Oh ! les cotillons ! Soumis enfin, il était descendu seul du carrosse &, s'en éloignant, avait murmuré d'une voix angélique : « Eh bien ! oui, ma reine, oui, je lutterai tout à l'heure. » Il lutta, comme il l'avait promis, ce grand serin, &; chose facile à prévoir, il fut tombé par le plus mince passereau de la volière, & voilà!... lui, le brave Auverpin, qui n'en savait pas plus long & ne pouvait par conséquent en raconter davantage, s'était exprimé de son mieux & n'avait dit que la vérité, rien que la vérité, toute la vérité, comme on fait quelquefois au tribunal. »

Ainsi conclut, en levant pieds & mains, Simon-Noé-Rémy Pascalou l'Ornement-des-Cochers & le Délice-des-Gouges!..

Si bizarre & quelque peu digne de foi que semblât cette historiette, elle fut admise avec d'autant moins de difficulté que chacun en ville connaissait à merveille la emme en question, & savait très bien à quoi s'en tenir sur cette particulière. Appelée « la Parisienne, » bien que native de Mauhors, elle avait résidé très longtemps dans la capitale, où l'on parlait encore de ses relations intimes avec deux célèbres soupeuses : l'une, étoile régnante des cafés chantants ; l'autre, ex-demoiselle à la mode, devenue épouse légitime & toute-puissante d'un triste sire hollandais ! Oui, nul n'ignorait ça, la gredine, exilée volontaire des opulents lupanars & des sales palais impériaux de Lutèce, était cossue, en effet, & tout ce qu'il y a de plus patricien ! Noble à quatre quartiers & riche à vingt carats, étrange au delà du rêve & vicieuse à damner un bataillon de saints, y compris le pape infaillible lui-même, elle brillait sur le sol ferrugineux du Midi comme Vénus au firmament, & tout roturier, trousseur de filles, en la voyant rouler indolemment étendue dans son somptueux landau, sous les ombrages capiteux du Cours-L'Amazone, ou bien entrer hautaine & décidée à Notre-Dame de Septimanie, le dimanche, se demandait à part soi si c'était là quelque ribaude en rupture de ban ou quelque Altesse impériale & royale tombée de la cuisse de Jupiter ? &, ne pouvant résoudre, la contemplait assez incertain, mais embrasé jusqu'aux fondements. En dépit de sa souveraine prestance, & si grande qu'elle parût dans sa large & longue tunique rouge ou noire d'ordinaire, ne ressemblant guère aux robes étriquées que vêt aujourd'hui le sexe, elle n'était toutefois ni de très haute taille ni de très puissante encolure, &, quoique captivantes, ses formes n'offraient pas les sévères lignes sculpturales de la beauté classique. Autant qu'on s'en souvient, la voici telle quelle : Une face aquiline aux angles en relief, un teint très mat & chaud, une bouche on ne peut plus sensuelle, un je ne sais quoi de nerveux, de hardi, de cruel même, épandu sur tout le visage, un nez aigu comme une pointe d'épée, un front d'airain, sommé de cheveux en broussailles sombres & laineux, barré d'épais sourcils allant d'une tempe à l'autre, & des yeux, toujours actifs, noirs, durs, inexorables, altérés, dont le regard infernal consternait les femmes, envoûtait les hommes & brûlait, en les caressant, les enfants, garces & garçons. Souvent, très souvent, elle avait fait des siennes, cette créature! & naguère, notamment, on l'avait vue au musée, un mardi, dans la salle des Antiques, s'agenouiller, éperdue, en pleine foule, devant l'Hercule

Farnèse, & se pâmer auprès du marbre divin. Ah ! ce fougueux transport en révélait bien d'autres, &, seul, il eût motivé l'involontaire saisissement éprouvé par tous à l'aspect de cette ogresse élégante, dont toute la vie, d'ailleurs, était cousue d'anormales & funèbres aventures. En lui donnant le jour avant terme, sa mère était morte en couches, il y avait de cela quelque trente ans environ, & son père, espèce de faune, quoique marquis, avait péri, peu de temps après, dans un incendie allumé par lui-même, au milieu d'un troupeau de chèvres lascives, dont il s'était fait le Pan ! Orpheline, la donzelle, encore en bas âge, montra des goûts singulièrement précoces, & force fut à son conseil de famille de la surveiller avec soin. Inutiles précautions ! Elle suborna ses gardiens, franchit toutes les clôtures, courut les chiens. Alors on la maria, c'est-à-dire qu'on la livra, pour éviter de nouveaux scandales sur le point de se produire, à celui qu'elle s'était elle-même choisi, sans consulter amis ni parents : un homme de qualité, soit, mais un libertin sur les dents, presque un vieillard, dont les cheveux déjà blancs tombaient, & perclus de goutte. Union mal assortie & qui ne pouvait, en tous cas, engendrer que des choses fâcheuses! A jeune femme il faut jeune mari, sans quoi... la chanson exprime le reste ; & le reste advint. Un beau jour, ou plutôt une belle nuit, explication entre l'époux, l'épouse & l'*autre*, un bâchelier frais émoulu, celui-là. L'offenseur, blanc-bec ; l'offensé, barbon. Nonobstant, duel ! L'offensé, cela parfois arrive, paya les frais de la querelle. Il eut tous les torts, puisqu'il mourut. On l'enterra, tout fut dit. Il laissait une veuve déjà consolée, & qui se montra singulièrement reconnaissante envers son libérateur. Rassasiée de ce chevalier & peut-être férue de quelque goujat, elle ne voulut plus accorder rien au duelliste, & celui-ci, de douleur, but tant, hélas ! qu'il en creva. Pendant qu'il agonisait, elle vivait, elle, & beaucoup. On la félicita de ses débuts, qui promettaient. Ils tinrent ce qu'ils avaient promis & davantage : un rossignol de l'Opéra, regardé

par elle d'une certaine façon, s'en éprit irrémissible-
ment. Elle n'avait pas tardé, la bonne âme charitable,
à l'accueillir dans l'ancien lit conjugal. Leur commerce
fit du bruit, & leur rupture encore plus. Souvent femme
varie ! Un soir qu'il chantait à pleine poitrine la *Donna
e mobile*, elle le planta là pour suivre en Italie un bel-
lâtre en épaulettes à graines d'épinards, assez vil & nul.
Abandonné, le *tenorino* perdit du coup le boire & le
manger, puis sa voix, enfin plus tard la raison.
Impossible d'en douter quelque peu : la louve portait
malheur à tous ceux qu'elle abordait. En Italie, elle
laissa son soldat. Où ? Comment ? A savoir. On
prétendait, les uns, qu'il avait péri fortuitement en
mer ; les autres, qu'il s'était suicidé. Quoi qu'il en fût,
l'infante revint seule à la ville. A quelque temps de
là, l'on apprit qu'elle était dangereusement atteinte
d'anémie, & longtemps il ne fut question que du traite-
ment extraordinaire qu'elle suivait & que la Faculté
n'avait point sans doute prescrit. Attirées & gagnées à
force d'argent, trois fortes nourrices bretonnes lui

prêtèrent tour à tour leurs mamelles. Elle se refit du sang avec leur lait & conserva précieusement ce qu'elles avaient, à leur insu, pour toujours aliéné à son profit, la santé. Rétablie & pleine de nouvelles sèves, elle entreprit de nouveaux drames. Un prédicateur, un oblat, un élu du ciel, sacrifiant pour elle à la terre, jeta son froc aux orties & sa barrette par-dessus les moulins. Après six mois de trop coupables délires, il alla, selon d'illustres exemples, s'ensevelir à la Trappe avec son désespoir & ses péchés. Elle, l'inassouvie, en avait déjà prémédité d'autres qui s'accomplirent; tous mortels, aucun véniel! Le plus original & le dernier d'entre eux avait ému toute la province, & d'autant mieux que celui-là, vraiment, on le pressentait infâme sans venir à bout de le comprendre. Une vierge, à peine nubile, presque une enfant, enlevée, emportée au fond d'un château lointain, au milieu d'une solitude, & là, tenue jalousement cachée aux regards mêmes des oiseaux, se complaisant, la tendre victime, à vivre dans les plus

secrets tête-à-tête avec celle qui l'avait ravie, &,
finalement, s'étiolant en cette thébaïde & s'y consu-
mant, un sourire ineffable aux lèvres & de morbides
langueurs plein les yeux : est-ce que cela, réellement,
tombait sous le sens? Une action pareille était-elle naturelle, explicable, possible? Oui, possible! car elle avait
eu lieu; mais, alors, quoi?... Seuls, quelques mondains
corrompus, initiés aux pratiques criminelles de Go-
morrhe comme aux fureurs lesbiennes, auraient su le
dire au peuple intrigué, qui, lui, trop nice, trop sain
d'âme & de corps pour être doué d'une telle pénétration,
ne perçut là que ténèbres, en sorte que ces hontes lui
restèrent à jamais fermées, heureusement! Une unique
chose apparut claire aux yeux des bonnes gens, celle-
ci : la goule, dont les suçoirs abolissaient tous les êtres
qui l'approchaient, était le pire des fléaux, & ce fléau
devait être haï. Que, chez les fainéants dorés sur
tranche, en haut, « dans la grande! » elle fût adulée,
courtisée, léchée à cause de son faste & du crédit dont
elle jouissait auprès de sa fameuse amie, la Rousse, la-

maligne Rousse, qui trônait insolemment là-bas, sur les bords de la Seine, à Paris, il se moquait pas mal de ça, l'honnête & besoigneux petit monde de Mauhors! Évêques, généraux, robins, préfets, marguilliers, ploutocrates, oligarques, toute la sacrée séquelle gouvernementale avait beau ramper à plat ventre devant cette chienne en chasse & l'appeler gros comme le bras madame la marquise de Montauriol, le peuple, lui, qui la méprisait autant qu'il l'avait en horreur, inventa pour elle & lui appliqua ce nom terriblement hideux qui la clouait vive au pilori : *la Scorpione !*

Ompdrailles était bien loti!... Lui, pauvre diable, amouraché de ce riche vampire à qui toujours il fallait du sang humain à boire? ah! certes, maintenant on saisissait à merveille tout ce qu'on n'avait pas distingué jadis : & le dépérissement si rapide du puissant Adonis & sa présence dans cette maison quasi-princière, au portail de laquelle les tringlots avaient failli crucifier le coriace doyen. Nom d'un tonnerre! On s'expliquait l'inexplicable à la fin, & plus n'était besoin de se demander à cette heure d'où provenaient ces morsures, ces déchirures, ces baisers sauvages dont le torse du sublime mâle avait été si souvent contaminé. Pardi! c'était elle, la scélérate, elle, qui longuement avait promené là ses dards impurs ! elle, femelle sans entrailles, qui l'avait condamné, pécaïré ! à venir râler dans la lice; elle, qui, confondue dans les rangs, sur les gradins, avait dû, sous la blouse masculine dont elle s'était accoutrée, tressaillir, satisfaite en le voyant baiser éperdûment le joyau retrouvé dans le sable, ce médaillon avivé de gemmes qu'elle lui avait mis au cou comme on passe un collier à celui d'un carlin ou d'un épagneul, elle, enfin, elle de qui, ce jour-là, le vieux praticien parlait devant tous, lorsqu'il s'écria du haut des marches en emportant le vaincu : « C'est cette noble vache qui l'a démoli; s'il meurt, elle aussi mourra, je la tuerai. » Véritablement, à présent qu'on n'avait plus la berlue, on n'était plus étonné que de ceci : c'est que l'innocent respirât encore. Elle l'avait donc gracié, cette généreuse catin ! elle avait donc eu pitié de lui ! Grand

Dieu! si vraiment il était sur pieds, ainsi que l'avait affirmé naguère une bouche incapable de mentir, résisterait-il à la tentation de revoir la bourelle en rentrant dans la cité? Revenir... « Il était perdu, ce misérable comtadin, si jamais il retombait sous la coupe de cette belle dame! escofié, ce truand, s'il était repincé par cette marquise. Oh! sans conteste, il valait pour lui cent fois, mille fois mieux qu'il restât au pays auprès des siens, sage & tranquille, sur sa rêche montagne, heureux aux Pierrières de la Grésigne, en Rouergue. Attention à ce qu'il ne s'échappe pas de là-bas, ou malheur à lui! gare, gare ici l'Aglaé !

L'on s'était ainsi prononcé bien souvent aux arènes, & voilà pourquoi peut-être, un soir, on y reçut assez froidement une communication qui, la semaine d'auparavant, alors que le pot aux roses n'avait point encore été découvert, n'eût pas manqué d'y susciter un *tolle* général. Arrivant toute poudreuse des crêtes d'amont, une bête poilue à visage d'homme, était là!

— Qu'elle se rafraîchisse, se bornèrent à dire les assistants, & qu'elle avance!

Excellentes gens! ils avaient compté sans leur hôte, qui, trop fatigué pour se lever de sa litière, fit réclamer vingt-quatre heures de répit; après quoi, ses forces réparées, il *s'empresserait* de roucouler aux curieux autant de jérémiades qu'ils en désireraient sur mille circonstances intéressantes, dont, avec sa permission néanmoins, un adorable perroquet, auquel on avait bien coupé le fil de la langue, pouvait tout de suite glapir deux mots.

— Soit! on attend cet oiseau-là, qu'il voltige par ici!

Le Loyal-Espagnol s'abattit aussitôt sur la plate-forme & ramagea comme suit :

« Un moment les ressources avaient fait défaut à l'enfant gâté des Maudurques! Son affection nécessitant alors plus que jamais des soins & de l'argent, comme, d'une part, l'apothicaire de Bruniquel, un pingre, cet empoté-là, se refusait depuis quelques jours à livrer à crédit la moindre *potiingue* : emplâtres, potions, onguents, élixirs, clystères, philtres, & que, d'autre part, le malade d'Aujols, ce sacré chéri! bien qu'il ne lui restât pas un liard des sous récoltés aux arènes, s'opposait de toutes ses forces à ce qu'un appel fût fait aux habitués du cirque, on s'était vu réduit d'abord, pour se procurer l'indispensable, à vendre, sur les marchés de Caylus & de Puycelsis, un tas de friperies aux trafiquants de vieux-neuf; ensuite de recourir au seul moyen qu'on eût de gagner quelque monnaie. Un soir donc, avant de se flanquer au dodo, le tuteur, assez perplexe & totalement abruti, déposa sur le chambranle d'une cheminée huit des dix pistoles dont se composait tout son avoir, &, le lendemain matin, dès l'aube, aux premiers chants de la calandre, il s'habilla sans cistres ni rebecs, &, n'ayant pas même salué la famille du pupille ni seulement embrassé celui-ci, *nuestra Dona del Pilar!* tira vers la grande route languedocienne, où, rencontrant des rouliers qui se rendaient tous ensemble à la foire de Beaucaire, il s'était abouché vivement avec eux & les avait suivis. Septante lieues ne se font pas en une heure! aussi ne fut-ce qu'après avoir bien ouvert & fermé le compas, aspiré beaucoup de poussière, humé non moins de soleil, qu'il était entré dans le chef-lieu du Gard, où, comme il l'avait pensé, « nombre de lutteurs en broussailles » exploitaient la place. Ancien ambulant, partant très expert en pareille matière, le pèlerin vit, en une minute, comment les choses se tramaient, &, quoique un peu courbaturé, courut à la commune. On y visa ses papiers, & bientôt il en sortit muni d'une autorisation signée, parafée par M. le Maire. En avant! au travail, houp! Avec quelques piécettes qui restaient au fond de son boursicaut, il paya comptant la location d'un cent de planches & de plusieurs aunes de toile. Oh! mon Dieu! cela suffisait pour se monter une baraque qui tînt debout. Ex-charpentier, il sut se la bâtir & se la chaperonner lui-même. Une fois qu'elle fut couverte & bien à l'abri des quatre vents, il y charria du sable, y planta circulairement des piquets reliés entre eux par des cordes, y disposa la lice; ensuite il dressa des tréteaux à l'extérieur : huit ou dix barriques vides, des planches de chêne au-dessus, voilà tout! l'estrade allait à merveille, oui; mais des musiciens? Il en fallait absolument pour attirer le monde! Aussitôt l'on se mit en quête & l'on finit par dénicher au fond d'une impasse un boiteux nanti d'une grosse caisse armée de cymbales, à peu près en état, & deux aveugles, jouant l'un de la clarinette, l'autre du trombone. Allez-y donc! Ils sonnèrent tant bien que mal, ces infirmes, & les gens accoururent au tapage. A l'aspect du nouvel hercule forain qu'elle n'avait jamais vu, la foule fit des oh! & des ah! vraiment très expressifs. « Sacrebleu! qu'il était bien campé sur ses pattes! Oh! là, là, quels membres, quels muscles & quelle fourrure! Il n'avait pas l'air commode; il était de poids, par exemple, celui-ci! Sous sa peau les nerfs grumelés s'arrondissaient comme des boulets de canon & paraissaient aussi durs que des cailloux! Ils pouvaient venir, les autres dévo-

rants! ils ne le mangeraient pas tout vif comme ça!
Quel poitrail, quelle nuque, & quel museau, l'individu! Bigre! il devait savoir travailler crânement!
il y aurait de la casse avec lui. Pour accrocher le morceau quels crocs! & pour l'emporter quelles tenailles! »
Sa Seigneurie, elle, riant sous cape, exposait avec
complaisance sa carcasse aux badauds, & quand on
eut bien regardé tous ses os & tous ses poils, elle arrondit pour être entendue de loin, en guise de portevoix, les mains autour de sa gueule, & débagoula
l'annonce! A son avis, il n'avait jamais mieux remué
la langue. Ohé! voici, voilà! les mots lui montaient
du cœur aux lèvres que |c'était un plaisir ; il n'en revenait pas de surprise, ah! nom d'un chien! il jacassa
plus d'un gros quart d'heure sans se reprendre, lui qui
d'ordinaire avait tant de peine à cracher son idée, à
marier deux mots. Ho! c'était curieux, bien curieux,
tout à fait curieux, ça! Voulant se faire connaître le
plus tôt possible, il déclara sans tergiverser : qu'il
était le célèbre un tel en personne, venu dans

l'aimable cité de Beaucaire à seule fin de prouver là que son ami le Tombeau-des-Lutteurs, dont on avait tant parlé dans les six parties du monde, & par qui tous ceux « du bâtiment », y compris soi-même, avaient été si bien roulés à la face d'un public d'élite, était un lion! non pas semblable à d'autres, mais le plus beau qu'il y eût sur la terre & même ailleurs; ensuite, il ajouta qu'en se glorifiant d'avoir *fait* le Crâne-des Crânes, certains saltimbanques à ce moment présents dans la ville & dont le toupet était notoire, en avaient menti, ces clampins, trois fois menti! la preuve, c'est que lui, le Papa, l'Antique, qui ne jaugeait pas dans toute l'encolure autant de suc que le marmot en avait dans le petit doigt, se chargeait d'estampiller leurs échines & de bâillonner leurs becs; à l'appui de quoi, finalement, il offrit cent écus de six livres à tous ceux qui parviendraient à l'allonger sur la barre des reins! On pouvait entrer de confiance en sa cassine, on y verrait ce qu'on n'avait jamais vu nulle part, & ça ne coûtait que dix centimes par personne, oui; deux sous seule-

ment! A ces mots ronflant à tous les airs du ciel, il arriva ce que le vieux Gascon avait très bien prévu. Perdus parmi la foule, vingt concurrents, avides de gain & de gloire, s'écrièrent tous à la fois : « Un caleçon! un caleçon! » Notre ancien, ma foi! ne sut bientôt plus où se prendre, à qui bailler de l'étoffe, & le public, enlevé, envahit en masse la baraque, où, jamais pareil sabbat! Henri le Cossu, Jôst la Terreur-des-Hommes-Forts, Exmaë, Saint-Jean, Antoine Peyrolas le Bouvier de l'Honor-de-Cos, Andouix le Premier-des-Subalpins, Evêque le Chevelu, Dupontavilène le colosse de la Garonne, Unciels, André Cimetière, Unikouï, Bausq, Adolphe le Pressoir, Rû, Pujol, & bien d'autres en représentation à Beaucaire, vociféraient à l'envi, chacun d'eux voulant ouvrir la danse & craignant aussi de voir ramasser par autrui l'enjeu, le bel & sonnant enjeu de la lutte. « Un peu de patience! il y en aura pour tous! » Et le noble patron ayant distribué des numéros d'ordre à chaque prétendant, aussitôt les assauts commencèrent. Terrible besogne pour l'entrepreneur ! Il fallait qu'il vainquît, il le fallait absolument & pour deux raisons : la première, il n'avait pas de quoi solder sa chute ; la seconde, il savait qu'un chrétien en péril avait besoin de secours là-bas aux pics d'Aujols. Oh ! certes, ils eurent beau se fendre à fond, les saligauds ; lui, ne broncha pas d'une ligne, il les nettoya tous, très proprement. Adieu les goulus ! Ils furent gavés, l'un après l'autre, & leur aîné, trop coriace pour être digéré, même par des autruches, ne fut pas entamé le moins du monde, &, malgré tout, eut si bien la vogue qu'au bout de quinze jours, un vieux caisson d'artillerie qui lui servait de bahut était bourré de gros sous. Oui, mais voilà ! par une laide nuit, advinrent des filous & des ruffians qui tentèrent d'enlever le magot. Ah ! pas de ça, Lisette, pas de ça ! Le mion eût été un joli coco, s'ils avaient réussi. Tubleu ! Le maître ès luttes démontra clair comme le jour à tous ces estafiers-là qu'il était capable aussi de professer la boxe & la savate. Ha ! ce fut chaud ! Assommés, les assaillants ramassèrent des pierres, puis, après avoir essayé de lapider celui qui leur enseignait si bien la conduite de Grenoble, ils jouèrent du couteau très dextrement, &, *biétaʒe*! tout eût fort mal tourné sans la gendarmerie, accourue au moment où l'attaqué, meurtri, mordu, déchiré, rouge du sang des coquins & du sien propre, succombait sous la meute nombreuse accrochée à lui comme une bande hurlante de dogues aux cornes d'un taureau. Grâce aux Grippe-Jésus qui parvinrent enfin à le dégager, il se redressa, n'ayant heureusement rien de brisé! Sauf une balafre qui lui coupait la figure en deux, & quatre ou cinq bosses au front grosses comme le poing, il était non moins ingambe & peut-être plus frais qu'auparavant ; aussi, sans se préoccuper de ces bobos, troqua-t-il, chez un juif qui ne lui vola pas seulement deux centimes, son cuivre contre de l'or ou du papier ayant cours; puis, content comme un roi, bien qu'il eût les yeux pochés & les gencives saignantes, fila-t-il au galop pour le Rouergue... » Eh! bon Dieu de Dieu! citoyens, dit en terminant Blas, qui, toujours sans malice, continuait à servir les petits calculs de l'administration, si cette aventure vous plaît, vous en saurez la suite & la fin jeudi ; l'aventurier lui-même vous les racontera... »

Savamment, très savamment machiné, ce coup de théâtre fit florès; aussi fut-ce devant une foule énorme, houleuse comme l'Océan, que, le surlendemain, à deux heures très précises, sanglé, lesté, coiffé d'un feutre mou, guêtré comme un chasseur, une gourde en bandoulière par-dessus sa blouse & le pal de voyage à la main, apparut sur la plate-forme au sommet du colossal escalier de pierre l'Ours-du-Nord, si vivement attendu. « Le voilà ! le voilà ! » Salué de mille acclamations, ensuite honoré d'un religieux silence, il passa, très embarrassé, ses doigts dans sa toison, qui tirait à présent beaucoup moins sur le noir que sur le blanc, & promena, fort ému, ses regards à gauche, à droite, en avant, en arrière, sur les gradins noirs de gens. « Un tel accueil à lui ? jamais il n'eût osé rêver ça ! » Les verbes ne semblant pas tout prêts à lui sortir de la glotte, on le laissa se recueillir à son aise. Enfin il défronça les sourcils, leva son bâton épineux, ouvrit la bouche, &, voulant faire un discours, il fit... un paysage :

« Esquinté par treize jours de marche à travers monts & combes, presque mort de soif, il était arrivé sac au dos aux Pierrières de la Grésigne. Août touchait à sa fin, &, par cette belle journée, tous les mamelons de la montagne avaient l'air de brûler, mangés par un soleil d'enfer. Au loin, la forêt, dont les arbres commençaient à roussir, était muette, & ses cimes inégales s'alignaient dans la nue comme des régiments de clochers. Il ne faisait point un pouce d'air. Rien ne bougeait. Emmi les mornes, toutes les pierres flambaient & vomissaient du feu. On se serait cru, sans mentir, au beau milieu d'une forge. A peine si l'on entendait par ci par là, dans les buissons, chanter la cigale. Une ombre d'oiseau glissait vite de temps en temps sur la bruyère & les genêts qui s'étendaient à demi calcinés au long des pentes. Il fallait par force tenir ses yeux fermés à la lumière ; autrement on aurait roulé par terre, ébloui de l'éclat du ciel. Ouf! quelle chaleur! Réellement les graviers, le roc, les arbres & les buis en criaient, & le terrain était en train de fondre. Assez peu fusible comme cela, « Môssieu » lui-même était pourtant tout en eau; les oreilles lui tintaient, il avait le bruit de la mer entre les deux tempes, & tout son corps se tournait en suif & partait en coulant. O mes amis, quelle fournaise! & pas d'ombrage aux alentours! Impossible d'avancer davantage ni de reculer. Ah! par bonheur, il avait enfin gravi le *Rocas* & venait d'apercevoir devant soi, sur un petit plateau, derrière un amas de roches couvertes de mousse, les combles d'une pauvre bâtisse qu'il ne troquerait pas, s'il en était propriétaire, pour un domaine royal. En la voyant, il n'avait plus songé du tout à la température qui l'incommodait & n'avait pu se défendre de porter les mains au creux de l'estomac, y sentant monter & descendre quelque chose de bon & de doux, qui parfois l'empêchait de respirer. Il était bien tel qu'il l'avait quitté, l'*Oustalet*, avec ses murs de terre crue &

sa toiture de chaume semée de rouges tuiles creuses; lentement, très lentement, il s'en approcha sur la pointe des pieds, & voilà qu'il tremblait de tous ses membres alors sans savoir au juste pourquoi. Dès qu'il eut trotté cinq minutes dans un âpre charrau dont il savait par cœur tous les brins d'herbe & toutes les pierres, il avait distingué comme il faut, tout à fait comme il faut, la borde tout entière. Ah! mon Dieu! les contrevents, la porte en étaient clos, & de la cheminée ne sortait aucune langue de fumée. Oh! par exemple, c'était troublant, cela! Personne! Il n'y avait personne à la case? Où donc étaient-ils? Sapristi! quelle colique on avait eue; une colique, ah! nom de Dieu! Mais aussi pourquoi ce silence? & pourquoi déserte, cette maison? En y songeant, on se sentait encore plus effrayé. Ne pouvant aller ni en avant ni en arrière, on s'assit sur une borne, à vingt pas de l'huis, en face du seuil. Est-ce qu'il se serait passé là quelque catastrophe?... Ah çà! mais, oui, peut-être! Il respirait à peine, l'ancien, & ses transes augmentaient. Ah! malo-Dioux! Il avait un faix écrasant sur la coloquinte, & comme des fourmis aux paumes des mains & sous la plante des pieds ; enfin, pour la première fois de sa vie, il avait peur décidément, très peur.

— Habelane ! appela-t-il en se levant en sursaut, Habelane! Habelane !

Aucune femelle ne répondit à ce nom, &, de plus en plus alarmé, celui qui n'avait été jamais à pareilles noces, fit en grognant à sa façon le tour de la maisonnette.

— Eh ! la belle ; eh ! blondine, répétait-il sans cesse, où donc es-tu ?

Rien ! Ni pas, ni voix. Et lui, tout frissonnant, mit les doigts sur le loquet de la porte... Ha ! fermée ! & fermée à clef. Que diable présageait tout ça ? Précipitamment il courut vers une bicoque voisine qui servait d'étable autrefois. O bonheur ! Une vache y ruminait, paisible, allongée sur sa litière, une magnifique vache blanche marquée de roux, qui mugit en le reconnaissant, & Casso-Poulos, qui ne l'avait pas oublié non plus &

qui le reconnaissait aussi, ce chien des chiens, s'éveillant au milieu des fanes, se prit à sauter, à japper de joie. Inutile de s'inquiéter quand les bêtes domestiques sont contentes & qu'elles ont l'œil *parlant* & clair. Ami des brutes & les devinant d'autant mieux qu'on en était une soi-même, lors, comme de juste, il se moqua de toutes ses folles terreurs. On comprenait, on s'expliquait enfin les choses. Ah! c'était bien simple, Habelane! la sœur du grand bon enfant, était sans doute allée porter la soupe à son époux, Eloi, qui travaillait en forêt, aux mines de fer d'Aujols, sises à demi-lieue de là. Bien, très bien! Et quant à lui, l'aimé, le chéri, le garçon, il ne devait pas être fort loin non plus. Où donc, cependant, gisait-il à cette heure? Un moment, « Papinard » se gratta la tête, sérieux, & bientôt il s'éjouit. Tron de l'air! Il avait trouvé. Sifflant le camarade à quatre pattes, sans plus faire attention au soleil, qui pourtant chauffait encore & fendait toujours les granits & les grès, il dévala le versant occidental du Rocas & gagna le fond d'une gorge où coulait, sur un lit de galets, en faisant mille détours & la plus aimable des musiques, la Veyre, si verte & si jolie. Au bout d'un quart d'heure de marche, il crut distinguer à sa gauche, & dans une petite caverne penchée au bord de l'eau, quelqu'un étendu de tout son long sur un lit d'herbes marécageuses. S'efforçant à faire le moins de bruit possible en côtoyant la riviérette, ourlée de glaïeuls recourbés comme des sabres de cavalerie, il s'avançait, lui, vieil animal, léger comme un oiseau... mais le labri, qui flairait les rives, aboya. L'écho, comme le tonnerre, se mit aussitôt à sonner & répéta les aboiements. Alors celui qui se tenait couché parmi les plantains se dressa sur ses orteils &, debout, apparut dans l'encadrement de la grotte. Oh! sang-Dieu! c'était lui, lui, le Blond. Il était, ainsi que les terriens du Rouergue, vêtu d'un long sayon de toile écrue sans manches, tombant jusqu'aux chevilles, & portait, comme eux aussi, le chapeau bas & rond de feutre noir à grandes ailes. A ses pieds chaussés de sabots ferrés de clous & bâtés de cuir, se roulait déjà le noir basset à jambes torses, lequel très fin de nez, ayant vite senti son maître, s'était précipité comme une flèche en avant ; & lui, le fils, tout en caressant, tout en flattant ce bon serviteur qui lui léchait les mains, envisageait avec attention l'individu s'avançant dans la ravine, à la base de la montagne...

» — Ignace ! dit-il tout à coup en remettant son vieux compagnon des arènes, qui traversait le rû sur un tronc d'arbre non équarri jeté de l'une à l'autre rive ; est-ce toi, si tôt ?

» — Oui, mon Albe !

» Une seconde après, ils s'embrassaient comme deux perdus ; ah ! le fait est qu'ils se becquetèrent plus de quatre fois séance tenante ; ils ne pouvaient se rassasier de ce plaisir...

» — Eh bé ! dit enfin l'arrivant, ça va mieux, hein ! as-tu reçu le paquet de Beaucaire ?

» — Oui.

» — Va ! nous n'aurons plus à nous tourmenter ; regarde !

» Et Barbe-Pie, ayant débouclé sa ceinture de basane, si bondée qu'elle en craquait, étala la fortune qu'il rapportait de la foire.

» — On te revaudra ça, dit Moustache-Follette, tôt ou tard.

» — Des bêtises ! qu'il n'en soit plus question & causons de Mauhors...

» Il se rida, le beau.

» Ce visage subitement rembruni ne plut guère au laid, qui bientôt grommela :

» — Qu'as-tu ?

» — Rien.

» — Oh ! si...

» — Non.

» — Eh bien alors, souris, verboie, chante, bouge, ou je m'envole d'ici subito...

« Le gars enfin s'épanouit &, tout rasséréné, fit, ainsi qu'il le devait vraiment, meilleure mine à la bestiasse.

» Ils jasèrent alors !

» Après avoir parlé de ceci, de cela, du reste, des amis & des ennemis, de tout le monde, de la ville & surtout des arènes, le langoureux, encore un peu faible sur ses pieds, quoiqu'en train de reprendre des couleurs, s'était appuyé au bras de son tout dévoué; puis tous les deux, précédés du canin qui fanfarait comme un cor de chasse, ils s'étaient dirigés vers l'oustalet.

» Habelane, la noble Habelane, revenue depuis peu des carrières, cuisinait.

« Aussi blonde que son frère, & de même que lui mélancolique, belle, grande, elle avait les yeux bleus comme le ciel & profonds comme l'eau, la bouche plus fraîche qu'une cerise. On pouvait galoper les capitales, on n'y trouverait pas, même parmi les dames du ton, une plante de cette qualité. Sous ses jupes de cotonnade, avec son foulard de quatre sous autour du cou, solide comme une branche de chêne & pure comme un lys, elle avait l'air d'une reine, cette simple paysanne montagnarde. Il fallait la voir :

propre, luisante comme un sou tout neuf & meilleure que le pain. Ah! l'exquise rustaude! elle aimait son frère, sinon plus, au moins autant qu'elle aimait le mâle, son mari. Là, sans façons, elle se laissa baiser les mains & les joues par Père l'Antique, auquel elle rendit ensuite de bon cœur tout ce qu'elle en avait reçu. Puis, comme elle désirait sans doute que chacun à la maison eût sa part de contentement, elle alla chercher sous les rideaux ramagés du large lit conjugal à quenouilles, semblable à tous ceux qu'on voit chez les gens de la campagne, un berceau d'osier où, rose & blanc comme un ange & ressemblant en raccourci & trait pour trait à son oncle l'hercule, un petit enfant, fort soigneusement emmaillotté dans des langes peu fins, mais si parfumés de verveine! & les lèvres encore toutes barbouillées du lait *maïral* (maternel), pécaïre, sommeillait. Ayant ouvert ses jolis grands yeux, imprégnés d'azur, il eut peur d'abord en voyant la grosse toison grise & tout en broussailles du vieux féroce, & se mit à pleurer; mais bientôt il se rassura, le menu poupon, l'aimable miniature, & sourit; tout en souriant, il montrait, ô miracle! ses mignonnes & rouges gencives encore sans dents. Saintes & saints d'outre-bleu! qu'il faisait plaisir à voir, à toucher; on le tripotait doucement, on le regardait à pleines prunelles, & c'était à qui le mangerait de baisers, cet agnelet, bavant comme un limaçon, sur ses molles coquilles de coton & de laine .. ah! messieurs, oui. Sur ces entrefaites, Eloi, son père, arriva des puits. Il n'était pas enfariné, non, celui-là. Quel Pierrot! Très sec & fort jeune encore, il était brun comme le diable, un vrai Maure! & l'on eût dit qu'il venait de prendre un bain de suie. « Ah çà! mastiquons-nous? s'esclafa-t-il en entrant, il fait faim, il fait soif; à la crèche! » Et là-dessus il nous baisota si bien, hommes, enfant & femme, que tous nous fûmes en un clin d'œil aussi noirs que des ramoneurs. « Hé, légitime, hé, roussette, hé! reprit-il en riant à ventre déboutonné, le ciel est doux à cette heure, &, qu'en pensez-vous, paroissiens? il semble que l'on se gobergerait mieux dehors que

dedans ! » « Accepté, ça va, festinons sur l'aire &
vive la joie en ce monde & dans l'autre ! » Alors la
belle sage dressa la table au dehors, sous un grand
orme, & l'on soupa. La chaleur était tombée, il faisait
bon, il faisait frais; on pouvait à son aise à présent
toiser le ciel tout rouge & tout azuré qui s'abaissait
comme un couvercle d'ole à la cime des monts. Oh !
le magique spectacle ! Il n'y a pas à nier, on se serait
cru là-haut en paradis. Sacrebleu, quel pays sans
pareil ! Entre des pans de rochers coupés à pic, on
découvrait au loin des champs jaunes comme des ors,
des prairies, des vallons qui paraissaient sans bornes
comme l'univers & que l'Aveyron, aussi luisant qu'un
miroir, arrosait de ses eaux. A deux ou trois portées de
fusil, le long du Rocas, en ligne droite, on voyait remuer les arbres de la Grésigne; il venait de cette chênaie
de fortes bouffées d'air; on entendait à travers champs
toutes sortes de bruits : un dogue hurlait de temps
en temps, un coq chantait au soleil qui se couchait
derrière les roches, un taureau mugissait au fond de

quelque val; les chèvres, les moutons, les bœufs
se répondaient d'une ferme à l'autre, les clochettes
des troupeaux faisaient drelin-drelin, & parmi les
sentiers & les routes sonnaient des fers de chevaux
& des roues de charrettes, & quelquefois un âne se
mettait à rudir. Oh! que c'était beau cela, que c'était
beau, mon Dieu! Tout autour du logis, une brigade d'oiseaux ramageait dans les buissons; les ca-
nards & les oies, allant à la file, cancannant & trom-
pettant, encore tout mouillés, arrivaient de la Veyre;
ici, là, partout, dans les tas de fumier, au bord des
étables, les poules & leurs poussins picotaient tous
ensemble, & les dindons se rengorgeaient, gloussaient
en faisant la roue ; une chatte s'étirait sur le seuil de la
chaumine & guignait des pigeons penchés au bord du
toit; & puis encore c'était la vache errant en liberté, qui
montrait ses cornes au chien, & celui-ci s'ébaudissait à
loisir; c'étaient les cochons & les truies, suivis d'une
ribambelle de marcassins, qui jubilaient à se rouler
dans la mare, & qui, tout à coup, partaient, à droite,

à gauche, effarouchés & tout fangeux ; c'était un vol de corneilles qui passaient & croassaient dans les airs ; c'était un merle qu'on ne pouvait pas voir, & qui sifflait tant & plus dans les taillis ; c'était ceci, c'était cela, c'était toujours autre chose. Et le maître-lutteur assis à table en face d'Habelane, entre le carrier & le porion, écoutait tout, regardait tout, en mangeant du pain bis, en buvant de la piquette, & tonnerre de Dieu ! mes chers bons, il était content, il était heureux ! Une seule chose le chiffonnait un peu pourtant, & gâtait sa félicité : Monseigneur des Lys ne bourdonnait point & songeait beaucoup... »

Ici l'orateur, interrompant son récit, eut le geste d'un tribun novice qui craint ou d'en avoir trop dit ou d'en dire trop ! On restait, quoiqu'il ne parlât plus, suspendu à ses lèvres, & si profond était le recueillement de la foule immobile sur les gradins, qu'on eût entendu voler une mouche dans l'enceinte tandis que de plus en plus embarrassé, vraiment, le gauche reporter se mordait les lèvres & ne savait où reprendre le fil cassé de son discours.

— Allons, poursuis, va.

— La grand'nonnain, nous contais-tu, songeait; à quoi donc?

— Qu'on me fusille, si je m'en doute, riposta le vieux routier d'un ton bourru; je l'ignore, moi, tout à fait; absolument!... il ne me le disait pas, il ne me l'a jamais dit, & le diable seul pourrait vous le dire...

— Et peut-être aussi Pascalou?

Ce fut comme un éclair.

Illuminée, l'assemblée entière se souvint des révélations de l'Ornement-des-Cochers, & chacun frémit en soupçonnant que même là-bas, en Rouergue, sur les pitons boisés de la Grésigne, une image, une image aussi funeste que belle, avait encore hanté la cervelle du Tombeau-des-Lutteurs... O la chenille! ô la scorpione!

— Ensuite, Arribial, ensuite?

A ces prières du peuple qui ressemblaient à des injonctions, il obéit enfin, l'Ours-du-Nord :

« ...Double-Dieu! quelle délicieuse saison estivale, lui, pauvre patarin, voué dès son bas âge à trimer sans cesse par monts & par vaux, comme le Juif-Errant, il eût passée sur les crêtes d'amont, si la tristesse du jouvenceau ne l'avait pas tourmenté; quel soulas! & comme il eût joui sous le beau soleil, au milieu des hautes roches, sur cette terre de cocagne! on y menait une vie... là; cristi! quelle vie! Aux premiers râles de l'aurore, il se levait de belle humeur au pioupiou des passereaux, appelait Casso-Poulos, le bien nommé, car, pour surveiller la volaille pillarde, à ce poilu le ponpon! & tous deux ils s'en allaient rôder ensemble à travers blés, vignes & sainfoins, au grand air, la tête dans la brise & les pattes dans la rosée. Il leur était si doux de marcher au gré du vent que parfois, sans s'en apercevoir, ils faisaient des lieues, & dépassaient le castel de Penne planté comme un globe sur un grand roc aussi pointu qu'une aiguille, vrai de vrai! Jamais, non jamais, enivrement pareil! Les charmantes promenades au bord du fleuve de Rouergue, où les hauts

peupliers aussi droits que des *i* se mirent, & dans les
fourrés de la Grésigne, où l'on rencontre à chaque pas
des lièvres qui vous filent entre les chevilles ainsi que
des fusées, des chevreuils gentils tout plein qui vous
regardent avec leurs grosses prunelles peureuses, des
cerfs dont les bois s'enchevêtrent parmi les sombres
ramures, & précédés ou suivis de leurs hardes bramant; des aspics qui se guindent, en sifflant, sur
leur queue ; des écureuils avec leurs appendices flottants comme des panaches, des hérissons s'arrondissant comme des boules & dardant leurs piquants, des
renards, des loups & même des sangliers ! Il n'y manquait que des ours, en cette forêt ! Ah ! s'il y en avait
eu, quelle partie, mes enfants ! Et le labri, qui courait
en clatissant sous les feuilles, était allègre, & son allégresse augmentait encore celle de son compagnon.
Enfin, après avoir bien gagné le déjeuner, ils rétrogradaient tous les deux, la bête & le chrétien ; côte à côte,
affamés autant l'un que l'autre, ils rentraient ensemble
au chenil. Une fière soupe de pommes de terre où

de haricots les y attendait, fumant sur la table où se carraient aussi de magnifiques fioles cerclées d'osier. On ne se laissait point prier, oh! non, car les tripes grondant d'appétit avaient besoin, & l'on mordait à souhait le bon pain de froment ou de maïs frotté d'ail, l'on lampait à même la bouteille emplie d'un demi-vin aussi frais que l'eau des sources. Et le temps filait comme cela! Si la journée était trop rude, l'emparadisé, après avoir garni son gésier, faisait la sieste, & si par cas la chaleur n'était pas trop lourde & que l'on pût se remuer à l'aise, il travaillait sous l'auvent de l'Oustalet... Ah! quel plaisir! Il vannait, il raccommodait des filets, il équarrissait des foyards, appariait des chevrons, triait des voliges, affûtait des pieux; il maçonnait, il aiguisait les bêches & les socs de charrue, il trayait la vache, il gardait les chèvres, il tondait la bourrique, il pansait les porcs; bref, il trouvait toujours quelque occupation & ne s'ennuyait pas, oh! ma foi, non, par exemple! Un peu avant la tombée du jour, il quittait chaque soir la besogne,

& tout doucement il allait rejoindre le garçon qui rêvait couché dans la grotte, au fond de la gorge, sur les bords de la Veyre. Ils y causaient très agréablement, & puis, allongés sur l'herbe, à l'ombre, ils s'amusaient à voir flamber dans l'eau les bras des saules & les cheveux du soleil... Ah ! la fine musique que celle de l'air filtrant entre les branches, un joli bruit aussi que celui de l'eau roulant sur les graviers ! Sûr & certain, celui qui parlait n'aurait pas donné sa place pour rien au monde ; il respirait à plein estomac les parfums salutaires de la verdure, il entendait chanter toutes espèces d'oiseaux, bouvreuils, linots, pinsons, verdiers, fauvettes & rossignols ; il regardait tant qu'il avait d'yeux les corbeaux qui tourbillonnaient noirs au-dessus des pics dentelés, les harles qui, guettant le poisson, planaient au-dessus des biefs, les martins-pêcheurs au col d'azur, au plumage émaillé, qui fascinaient l'ablette aux écailles d'argent ou la brunâtre anguille un instant apparue au-dessus des limons ; & les légères hirondelles qui, poursuivant sans trêve la mouche & le cousin, rayaient de leurs ailes le ras de la rivière & les trempaient souvent dans l'eau limpide... O Jésus! quelles merveilles! & quelles jouissances! Sensuel grognard, il se livrait au vent qui caressait les poils de sa poitrine nue; parfois, il lui semblait, tant il était aise, qu'il ne vivait plus, & c'était à se croire au mitan des cieux. Oh! pourquoi, pourquoi donc est-il impossible d'être tout à fait content sur cette terre ? Il ne lui manquait rien qu'une chose, une seule: voir le jeune taciturne parler, rire, là, comme quelqu'un qui n'a pas de soucis, & dont le coffre & la caboche se portent bien. Ouitche! ce bougre-là ne desserrait pas les dents de toute la sainte journée & restait au bord du ruisseau sans remuer ni pieds ni pattes... & toujours il ruminait, toujours !... Certes, on a tort d'écouter la mélancolie, surtout quand elle est si noire; elle mène loin, très loin, au diable ! & fait venir de foutues idées. A force de voir chagrin qui l'on choie on le devient soi-même aussi. C'est qu'elle se gagne, la tristesse, fort vite; & quand elle vous cramponne, elle ne vous lâche pas de sitôt. Aïe ! la mauvaise citoyenne ! On a beau ne pas vouloir lui prêter l'oreille, il faut l'entendre tout de même, & gare les résolutions qu'elle vous souffle au cerveau, la gueuse ! Espèce de godiche, il s'était laissé pincer aussi, lui, coïon, sans y prendre garde, &, petit à petit, en était arrivé tout bêtement à réfléchir sur son avenir comme sur son passé. Quelles remembrances ! il avait vu mourir ses proches, son père, sa mère, sa sœur, tous les siens ; il n'avait pas de femme, il n'avait pas d'enfants ; il n'avait pas de famille, il n'avait pas de maison, il était seul au monde, tout seul ; las, bien las, déjà quasi caduc, il avait à présent la perruque plus blanche que brune, & sa figure, autrefois si fraîche & si sanguine, se desséchait & se tannait comme un parchemin ; il était plus près de la cinquantaine que de la quarantaine, & plus près aussi de la tombe que du berceau ; puis, quoique seul, & flétri, fané, presque fini, voilà qu'il fallait vivre jusqu'au bout ; avant de faire la culbute, il pouvait

encore en voir de bien dures : il n'était pas riche ; &
sans travail, adieu le pain ! Aux dernières luttes, à la
foire de Beaucaire, il s'était aperçu que bientôt il lui
serait défendu de lutter : ses membres, un peu raidis,
jouaient de travers, & l'échine exécutait mal ce que
la cervelle commandait. Triste, tout ça ! Souvent il
avait envie de pleurer & pleurait comme un âne qu'il
était en regardant les rochers solitaires & moroses,
abandonnés comme lui. Quelquefois aussi, dans un
regain de sève, lorsqu'à travers champs il rencontrait
quelque *pastoure*, assise sous un arbre & paissant son
troupeau de blancs moutons, il lui montait à l'esprit
des choses... des choses qu'on ne peut aucunement
dire ; il se sentait fort malheureux de n'être aimé de
personne ; il se trouvait bien à plaindre en ces mo-
ments-là ! Puceau, mille bombes ! son *cadavre* ne
l'était point, oh ! nenni, mais son cœur, si fait ! & le
cœur ne sait demeurer éternellement ainsi. Des filles !
eh, mon Dieu Seigneur ! il en avait eu à foison, les
unes pour quelques sous, vingt, trente ou quarante,

pas plus, ses moyens ne lui permettant pas d'aller au delà; les autres pour rien ; oui, mais quelles particulières aussi! Celles-là, commerçant de leur corps, afin de ne pas crever de faim au coin des rues, sur le pavé, s'étaient faites rigoleuses de désespoir ; celles-ci, pourries, gangrenées, horribles, avaient le feu paillard dans les veines &, fichtre ! elles besognaient avec Pierre ou Paul ou Jacques, sans choisir le baudet; ah! pourvu qu'elles en eussent un, fût-il teigneux, galeux, édenté, chauve, chassieux, essorillé, bossu, trépané, grêlé, sourd, muet, aveugle, borgne, myope, presbyte, bigle, vairon, beffre, manchot, jarretier, bancal, pied-bot ou cul-de-jatte, le reste leur était bien égal, oui, car elles n'aimaient rien, pas même elles, sales concubines de rencontre. Et lui donc, lui, n'ayant, hélas! connu que des femelles de cet acabit, n'avait été jamais aimé ! Dieu-Vivant! ô Dieu! que ce devait être bon d'avoir une ménagère à soi, des enfants qu'on voit grandir! & combien doux d'être caressé par une *vraie* femme honnête & saine comme Habelane, la sœur du Carrier. Oh ! qu'il était heureux, le Mineur ! heureux, cet Eloi ! Sans doute, il n'avait pas de rentes, ce tâcheron ; la nécessité requérait qu'il peinât au travail, & raide, du lever au coucher du soleil, pour gagner un misérable écu de trois livres... soit ! mais aussi, la journée finie, il pouvait, en entrant dans la maison, embrasser sa légitime & son surgeon & dormir auprès d'eux tranquille & le cœur à l'aise. Oh ! là, là ! quand ces idées le persécutaient, lui, vieux baladin, ayant dégoût & peur de la lumière du ciel, il allait se cacher au creux d'une roche & là se désolait. A ces heures, il n'eût pas fallu qu'on le tracassât en aucune manière ; il eût alors cent fois mérité le sobriquet que lui avaient fabriqué ses camarades des arènes ; il était l'*Ours* le bien nommé. Vingt-cinq dieux ! il éprouvait, en ces moments, des envies de ruer ou de mordre, &, sans balancer une seconde, il eût sauté comme un animal sans raison sur ceux qui par malheur auraient passé par là, bêtes ou gens. Heureusement il finissait par se calmer & devenait plus raisonnable à la longue. Oui, c'était vrai, clair comme le jour & juste comme une balance, il était à présent trop âgé, trop usé pour prendre garce, tout le forçait d'y renoncer & partant de se priver de nombreux contentements aussi... Mais s'il n'avait pas tout à fait tort, il n'avait pas non plus tout à fait raison de se plaindre de son sort. Il y en avait beaucoup au monde de plus hypothéqués que lui, de bien plus hypothéqués ! A défaut d'amour, il avait inspiré de l'amitié, lui, du moins, & l'amitié, blague dans le coin, est une consolation dont il ne sied pas de faire fi. Sans doute, celui pour lequel il eût donné sa peau l'avait dégommé naguère & lui avait damé le pion ! Eh bien, après ? Un coquard n'est-il pas joyeux d'être dépassé par les poussins ? Si, si, si ! Mais à quoi bon rappeler ça ! l'étrilleur & l'étrillé s'étaient liés; à présent ils ne faisaient plus qu'un, eux deux, & celui-là, par le fait, était aujourd'hui l'ami, le frère de l'autre, & même encore mieux que cela... Pardi ! la chose se comprenait toute seule : un des deux avait trente ans, trente ans seulement, & l'autre, cinquante-trois, sans compter les mois de nourrice. Une notable différence d'âge entre eux incontestablement ; aussi, l'aîné, n'est-ce pas ? aurait-il pu très bien être le père du cadet, il voulait l'être, il se comportait comme s'il l'avait été, puis, à force d'imagination, il l'était bien un peu, que diable !... Allons, allons, il l'était totalement ! il avait un fils, il avait un enfant, il avait une famille ; au lieu donc de gémir, il devait au contraire s'estimer content de vivre & ne pas se montrer en définitive trop exigeant. Oh! les bonnes pensées que celles-là ! Quand elles visitaient le rebours, où qu'il se trouvât, il avait hâte d'aller embrasser sa graine... adoptive ; & comme il franchissait l'espace, en bondissant ! On n'eût pas dit alors qu'il était plus que mûr, ni que les jointures de ses os ne remplissaient pas leur fonction, oh! certes, pas. Arrivé bientôt à l'oustalet ou bien à la grotte, il appelait à pleine voix son *petit* ou son *grand* ami, que, le plus souvent, hélas ! il surprenait couché, languissant, sur l'une des rives de la Veyre, & regardant toujours au miroir de l'eau, comme si quelque figure allait s'y refléter. « Rumineur, qu'as-tu, qu'as-tu, qu'as-tu donc enfin ? » Autant interroger des souches ! impossible de lui faire rendre ce qu'il avait dans l'âme, il se contentait de répondre : « Ignace, mon brave Ignace, je me porte de mieux en mieux, parole d'honneur, & ça va ; vraiment, il ne me faut rien de plus que ce que j'ai. » Mensonge ! il n'était pas dans son assiette ; on le voyait très bien ; il lui manquait pour sûr quelque chose, mais quoi ? Comment le deviner ! je vous le demande ; à moins d'être sorcier ou fort savant...

— Ou bien peu spirituel.

— Laissez parler !

— A la porte !

— On y achète le droit de tarabuster qui bon vous semble, or...

— Achève, Arribial, achève !

«... Il était donc toujours entre le zist & le zest, tonnerre de Dieu, ce drôle, & ni sa sœur, si tendre qu'on l'eût mangée, oui-dà, ni son beau-frère, aussi dur qu'un croûton, ni son fidèle labri, personne ne réussissait à comprendre ce qui le rongeait ainsi, lorsqu'un soir on crut revivre en le voyant entrer au gîte, gai comme un pinson & les yeux aussi luisants que deux morceaux de braise. A l'entendre, il sortait de Bruniquel, où, disait-il, il avait trouvé plusieurs lettres recommandées que le facteur de la poste lui avait lues. On le désirait aux arènes, on l'y réclamait à cors & à cris ; &, ma foi ! l'envie d'y revenir le possédait entièrement. Très-dispos, à peu près guéri, rien ne l'empêchait de se mettre en route ; or, il allait plier bagage illico. Patati, patata ! Les siens eurent beau le morigéner tous ensemble, aucun ne sut le dissuader de partir. Et, franchement, en nous opposant trente-six mille raisons qui n'en valaient pas une, il avait l'air de quelqu'un qui perd la carte, ou plutôt qui l'a perdue. Un vrai fol ! Il bégayait, il gesticulait, il suait d'action, ô mes amis, & la fièvre, qui lui donnait une telle turbulence, le faisait trembler comme tremble une feuille de charme au vent d'autan... Ni mais, ni si, ni car ! Il fumait d'impatience, ce tison d'enfer, &, tout chaud tout bouillant, il voulait, sans même changer de chemise ni quitter ses galoches montagnardes, rejoindre, non loin des Pierrières, sous bois, en pleine Grésigne, la route royale où passent chaque soir à heure fixe les messageries venant de la capitale & roulant à fond de train vers les Pyrénées. Allez vous faire entendre d'un citoyen qui se trouve en cet état, allez donc ! Une fois, deux fois, trois fois, on essaya sans y réussir, &, ma foi ! personne ne savait plus à quels saints se vouer pour le retenir là, quand, fin comme l'ambre, Sylvanou, le poupard, que la plus cordiale des mères était en train d'allaiter, refusa tout à coup la mamelle & se prit à brailler de telle sorte que son oncle, enfin attendri, consentit à rester quinze jours encore en Rouergue. Alors on respira, car, pour tous, l'important était de s'assurer si cet enflammé, nom de Dieu ! serait capable de faire là-bas, à Mau-hors, un bon vis-à-vis aux cocos qu'il avait jadis si bien toisés. Sans doute, oh ! parbleu, ce maniaque, en dépit de ses giries sempiternelles, avait repris du ton, &, loin d'avoir les poumons gênés ou le ventre tendu comme autrefois, il ne toussait plus, & même il crachait ou pissait à vingt pas de distance sans effort aucun ; oui, très bien cela ! mais il importait de savoir si ses muscles auraient du ressort & ses nerfs de la résistance. Ah ! le contraire fut tôt prouvé. Janôl, le meunier de Val-des-Yeuses, étant venu rendre des sacs de farine à l'Oustalet, on les avait soulevés sous prétexte de se dérouiller un brin. Nenni, ce n'était pas ça !... Vite essoufflé, le gars avait perdu sa prodigieuse souplesse & faillait d'ailleurs par les jarrets autant que par les coudes. Sapristi ! comment le raffermir ? Il avait avalé tant de sirops & de pilules que véritablement on ne pouvait avoir la moindre confiance en ces drogues, qui font peut-être plus de mal que de bien. Heureusement les bonnes eaux de la Veyre, si vantées des riverains, étaient là, toutes prêtes. Allons-y ! voyons ça ! Le parrain, donc, chaque jour, matin & soir, y fit baigner son filleul & s'y baigna même avec lui. Bigre ! En effet, elles avaient de la vertu, ces ondes,

&, vraiment, on les prônait à bon escient. Avis à tous ! Elles restituent la vigueur à l'infirme & donnent au plus bilieux une belle gaieté. Jugez si l'on s'en priva ! Tous les deux, côte à côte, y nageaient comme des poissons, se poursuivant de l'une à l'autre grève, affrontant les tourbillons & les remous, & se laissant, après mille brassées, aller au fil du courant, étendus sur le dos, aisés comme des carpes, en faisant la planche. Oh ! que c'était doux, cela ! L'on issait enfin de l'eau, l'on abordait à la rive, on s'allongeait sur les herbes si molles ou sur le sable bien tiède, on se séchait au soleil; puis, afin de se dégourdir les os, on montait en forêt & l'on courait au hasard, parmi la verdure, sous les rouvres, dont toutes les branches pleines d'oiseaux résonnaient comme des harpes & qui sentaient fièrement bon. Ah! le fameux régime pour la santé ! Comme il vous ragaillardit les poussifs, & vite ! Un mort en ressusciterait & sans la permission des médecins, ces emplâtrés ! En huit jours de temps, sandî, le godelureau fut retourné comme une peau de lapin! Non-seulement il avait une mine prospère, mais encore il jabotait, il batifolait, il godaillait à ravir, &, positivement, qui ne l'eût vu depuis une semaine ne l'aurait pas reconnu de prime abord. Encore une fois, il ne s'agissait plus que de savoir si ses biceps tiendraient ce que promettait leur apparence. Or, un soir, après la nage, comme il se roulait leste & nu dans les foins au beau milieu d'une prairie, Mentor l'approcha : « Veux-tu, lui demanda-t-il, me serrer un peu la colonne & me secouer le chapiteau, comme si nous luttions? » « Oui, répliqua ce jovial, très-volontiers; » & l'on s'accrocha. Quelle poigne que la sienne, aïou, meou, pécaïré! elle avait enfin retrouvé sa solidité, toute sa rudesse, toute! oh! l'épreuve était concluante! En supposant qu'elle n'eût pas suffi, voici qui vint à point trancher la question. Attirés par des clameurs soudaines vers une carrière sise à deux pas du *riou*, celle-là même où jadis, avant de s'enrôler dans la troupe athlétique, l'enfant avait travaillé, les deux lutteurs entrèrent dans une gorge poussiéreuse bordée d'excavations & de routes souterraines, car, en cet endroit, la terre éventrée avait été fouillée jusqu'aux entrailles, si bien que cent cathédrales & dix villes avaient peut-être été bâties avec la matière extraite de ce gisement; & là, quel gâchis ! Une charrette limonière, chargée de grosses pierres de taille & pesant au juger de cinquante à soixante quintaux, écrasait sous ses deux limons un superbe cheval entier, qui, rendant du sang par la bouche & par les naseaux, étouffait au bord du précipice. « Hardi ! cria le Puissant à dix ou quinze carriers, qui, déconcertés autant que le charretier, restaient là, béants, leurs leviers au bout des doigts ; ôtez-vous de là, mignots, & laissez-moi faire. » Et voilà qu'empoignant les brancards, rondement, très rondement, il les soulève & dégage la bête, qui, délivrée, se relève, se secoue sous ses harnais rompus, & hennit. On n'en revenait point, & moi j'avais peur qu'il n'attrapât une hernie. Ah ! ben ! une hernie ? On eût juré qu'il ramassait du coton. Nom de Dieu ! quelles membranes ! il était plus fort qu'un cric, & beau !... « Tel que te voilà, tu peux reparaître aux arènes, lui déclara-t-on en l'embrassant; à présent, on ne t'empêche pas de partir. » Rayonnant comme un soleil, il s'habilla, puis, ayant salué la compagnie, en avant, arche ! &, s'en étant retournés ensemble à l'oustalet, tous les deux avaient ficelé leurs bagages & s'étaient flanqués au lit. A la pointe de l'aube, Eloi, se rendant aux mines des Pierrières, les avait réveillés ; eux, s'étant mis debout & bâtés, avaient alors dit adieu à ce loyal ainsi qu'à sa moitié, bien embrassé le bambin, qui dormait encore dans son berceau, caressé le vigilant Casso-Poulos, larmoyant avec autant de connaissance que les personnes présentes, salué la montagne, la forêt, la terre, le ciel... & vogue la galère ! A parler franc, ils avaient le cœur gros, &, pendant plus d'un quart d'heure, à la fois contents & pas contents, ils marchèrent sans desserrer les lèvres, se retournant à chaque pas pour voir Habelane grimpée sur un mamelon & dont la grande ombre noire s'allongeait vers l'immense plaine ensoleillée... Entre Pôl & Laîn, au fond de la gorge du Calvaire, ils avaient perdu de vue la noble blonde, la maison familiale, le Rocas, s'étaient engagés dans l'entonnoir de Bonguemines, où quelques sabotiers en train de chômer leur antique patron, saint Coucouilla, les avaient retenus jusqu'à la brune; ensuite, étant repartis du pied gauche, avaient traversé les moraines de Dugué, la lande de Varsoapiel, le marécage de Coulopandres, s'étaient reposés en buvant bouteille au bouchon de Roquelaure, entre Marviouse & Tarvigny; puis, arpentant de nouveau pechs & combes, avaient vu se lever le soleil, au-dessous de l'étang des Aroupes, sous Quadors; à dix bornes de là, sur les neuf heures du matin, invités à ripailler par une noce issant d'une église, trois violoneux en tête, avaient suivi la tapageuse compagnie en une ferme où, ma foi! témoins de l'allégresse générale, ces deux ingrats, loin du nid quitté, se ravigotèrent peu à peu... Voilà comment les choses s'étaient à peu près passées! Un mot à présent, encore un petit mot pour en finir : repentants ou non, tous les coupables de lèsefraternité, Montbars, Yul, les Marseille, Arpin, Echagüe, Upi, Pharnacope, Igex Longue-Avoine & consorts, sauteurs du même tonneau, sont avertis par ma bouche; inconnus ou connus, vierges des épaules ou couturés du dos, ils tomberont bientôt comme des quilles; on va revoir enfin ici ce qu'on y a déjà vu, car, à quoi bon le cacher davantage? arrivé de la veille à la ville, & descendu chez la mère Hector, *Au Casque enflammé*, près de la vieille citadelle, impasse des Trois-Griffons! il est là, prêt à fesser gras & maigres, le grand porte-étrivières, sire Fouettard. »

A cette grondante finale de l'Ours, & comme la salle entière, un instant interdite, allait d'une seule voix appeler le si cher revenant, une toile colossale appendue aux combles du cirque se déroula bruyante comme le tonnerre, & chacun, du haut en bas des galeries, y put lire, aisément écrits qu'ils étaient en lettres majuscules, mi-parties de blanc & de noir sur fond rouge, ces mots magiques encadrés de larges bandes d'or :

ARÈNES MAUDURQUES

31 Août 1863

DEMAIN

Rentrée d'Ompdrailles, le Tombeau-des-Lutteurs

Enfin! enfin! il nous est revenu, l'INCOMPARABLE! Demain il descendra de nouveau dans la lice, le fort des forts, le metteur au pas, le plus grand athlète des temps passés, modernes & futurs.

Son Honneur est dans nos murs, nous l'avons vu!
Vous le verrez, il est dans nos murs!

IL EST ICI!

Plus terrible que jamais, il accomplira des prodiges! Oui, le moment est venu de le proclamer, habitants de la bonne ville de Mauhors, écoutez! Albe, votre Albe, est de retour! En secret l'Administration des Arènes, qui prévoyait le grand évènement, avait agi. Par ses soins, les premiers praticiens du monde ont été mandés. Ils sont venus des quatre coins des Gaules, ils sont venus, séduits moins par les offres brillantes qu'on leur a faites que par l'espérance de se mesurer avec le vainqueur de toute la pléiade française, & de le tomber, si faire se peut.

AUCUN D'EUX N'AURA CETTE GLOIRE

Abattre le CHÊNE DE LA GRÉSIGNE, ils l'espèrent en vain! Nous, nous disons bien haut ici : C'est impossible!!! & votre Benjamin, notre favori, e-tera sempiternellement ce qu'il est : le vaillant des vaillants, le président des fameux, le roi des crânes, l'empereur des intrépides, le nec plus ultra.

LISEZ CECI :

10,000 francs à celui qui vaincra l'Invincible
ATTENTION, ATTENTION!

Une fois encore & la dernière peut-être, le monde étonné verra s'accomplir :

LES DOUZE TRAVAUX D'HERCULE

OYEZ & VOYEZ!

PREMIÈRE JOURNÉE — PREMIER TRAVAIL
Lutte à mains plates
ALCIDE II   CONTRE   USTRIPIERS
(Le Géant du Mont-Blanc)

DEUXIÈME JOURNÉE — DEUXIÈME TRAVAIL
Lutte libre
LE MÊME   CONTRE   ANTRICON-BALASTOR
(Le terrible Bossu de Saint-Jean-d'Angély)

TROISIÈME JOURNÉE — TROISIÈME TRAVAIL
Lutte amicale & théorique entre les trois fidèles amis
ARRIBIAL l'Ours-du-Nord & BLAS le Loyal-Espagnol.
& LUT

QUATRIÈME JOURNÉE — QUATRIÈME TRAVAIL
La voltige des quintaux
Inouï! sans exemple! ébouriffant de pyramidal! Le Maître jonglera vingt-cinq minutes sans interruption avec trois poids de cent livres chacun.
(On pourra s'assurer du poids du fer & de la franchise du jeu.)

CINQUIÈME JOURNÉE — CINQUIÈME TRAVAIL
Le miracle de la force
Notre illustre pensionnaire roulera dans l'arène une charrette limonière chargée de pierres de taille & pesant 3,000 kilos.

SIXIÈME JOURNÉE — SIXIÈME TRAVAIL
Combat contre un taureau de la Camargue
A la manière des pâtres de la Camargue & des bergers quercynois & cévenols, le Carrier, sans armes, se présentera dans l'arène contre un taureau furieux, et le renversera sur le sable en le saisissant par les cornes. On peut nous vanter les courses de taureaux en Espagne, elles ne sont rien, rien! en comparaison de cet exercice ébouriffant.

SEPTIÈME JOURNÉE — SEPTIÈME TRAVAIL
Douze contre un
Extraordinaire & tout nouveau! Douze athlètes, que le public lui-même désignera parmi nos recrues, descendront dans la lice et seront échelonnés de cinq pas en cinq pas; notre champion se fait fort de les terrasser successivement : Une minute par homme!

HUITIÈME JOURNÉE — HUITIÈME TRAVAIL
Trois à la fois
On se rappelle encore la lutte formidable du doyen des arènes contre les deux frères Upi de Nîmes; son élève à son pupille provoque au...
...de renouveler le triomphe d'Horace contre les trois Curiaces...

NEUVIÈME JOURNÉE — NEUVIÈME TRAVAIL
Le bras de fer
Une corde sera assujettie au poignet droit de l'Atlas, qui de sa main libre se cramponnera à un poteau planté au milieu de l'arène, sous le pyramidion. Neuf hommes tireront sur la corde & le poignet replié de Hercule ne s'abaissera point.

DIXIÈME JOURNÉE — DIXIÈME TRAVAIL
La promenade du moderne Samson
Il l'a dit : Il le fera! Deux individus aux dents, quatre sur les épaules, un sur la tête & deux à chaque main, il ira tranquillement dans la lice & ne s'arrêtera que lorsque le public criera de toutes parts : Assez! assez!!!

ONZIÈME JOURNÉE — ONZIÈME TRAVAIL
L'homme & la bête
Un monstre conduit par Abadio, le Pyrénéen, un plantigrade gigantesque & féroce des gorges de St-Paour, un ours muselé (car les autorités exigent qu'il le soit) luttera corps-à-corps avec le forestier du Rouergue. On ose espérer qu'en cette circonstance l'esprit triomphera de la matière !

DOUZIÈME JOURNÉE — DOUZIÈME TRAVAIL
Lutte sans quartier
(L'Ami du Peuple)   CONTRE   NABUCHODONOSOR III
(Le Bourreau des Faubourgs)

OUI!

Nous en sommes persuadés, convaincus, archi-convaincus, certains, Mauhors entier voudra voir ces travaux grandioses & mémorables. Au temps des Romains & des Grecs, nos antiques modèles, il ne s'est accompli rien de plus chic ni de plus beau. Les grands jours de l'Iliade & de l'Énéide ont reparu. Qu'on y songe! Encelade & les Titans seront dépassés. Un magnifique soleil éclairera certainement ces fêtes homériques ;

On en parlera dans mille ans et plus

Demain! C'est Demain! Demain! Demain!

à trois heures

RENTRÉE D'OMPDRAILLES LE TOMBEAU-DES-LUTTEURS

AVIS

L'Administration a l'honneur de prévenir le public que le prix des places n'est pas augmenté d'un liard & que les bureaux du Colisée seront ouverts demain dès l'aube

Premiers & seconds rangs au pourtour des Arènes, 1 fr. » — Tous les autres rangs, 0 fr. 50

ON POURRA BOIRE & FUMER

Militaires & étudiants ne payeront que demi-place. — Les dames & les enfants au-dessous de dix ans ne seront pas admis.

Elle fut dévorée des yeux, la majestueuse annonce, & la foule, enthousiasmée à la lecture de ce chef-d'œuvre littéraire du plus fertile monteur de coups, sortit en tumulte du cirque & se dispersa dans les rues, en répétant de ses mille bouches le mot gros de promesses & pétillant entre tous sur l'étincelante & magnifique affiche :

« A demain ! »

Habile, très habile metteur en scène, & même un peu prophète, le directeur des arènes maudurques avait prédit que le soleil éclairerait un « si beau jour, » & le soleil, en effet, l'éclaira. Non, jamais, au grand jamais, Mauhors, sous les Romains *Maudurcum*, *Mohwregys* (collier de perles) au temps des Celtes, aujourd'hui *Mooûs* en cette langue d'oc régnant toujours des Pyrénées à la Loire & de la Méditerranée à l'Atlantique, jamais l'immémorial Mauhors, assis sur ses huit collines, ne s'était ainsi réverbéré dans les flots clairs & torrentueux de la Zyænne, qui, se bifurquant en amont & se rejoignant en aval, l'entourent d'une mouvante ceinture d'émeraudes liquides & tout en feu! C'était un dimanche, &, dans cette vieille cité sacerdotale & guerrière, mi-latine & mi-druidique encore, quoique devenue chrétienne, c'est-à-dire huguenote & papiste à la fois; en cette antique forteresse où de toute éternité se chôme le jour du Seigneur, Hésus, Jupiter ou Jéhovah, le peuple, après avoir erré selon sa coutume aux abords des temples & devisé longuement de travaux & de salaires, de batailles & de fêtes, de gloire & d'amour, au milieu des places urbaines & dans les jardins publics, ouverts dès l'aube, ce matin-là, ce vrai peuple en sayon tint en plein forum un joyeux conciliabule au sujet de l'heureuse nouvelle. Il était donc de retour enfin, le royal forestier, & bientôt, entre sexte & none, on vérifierait si cet aigle, doux comme un ange, avait toujours l'œil bleu de ciel, l'aile souveraine, & le même nombre de plumes un peu partout. Tonnerre de Dieu! l'on craignait qu'il en eût perdu quelques-unes, & certains loustics prétendirent que cela devait être ainsi, car l'affiche en convenait presque. En parlant de lui, les rédacteurs de la myrobolante annonce n'avaient-ils pas employé ce terme subtil : *le moderne Samson?* « Hé, hé, ma foi ! tout le monde connaissait peu ou prou la Bible & partant l'histoire de Dalilah! Ho! ho! si cette chaude moricaude était trépassée depuis des siècles, il y avait aujourd'hui quelque part une pâlotte non moins ardente, & marquise par-dessus le marché, qui n'était pas d'un meilleur acabit!... Et quant au gros crève-Philistins du temps passé, le briseur de côtes actuel le valait bien pour les rognons & pour la crinière ! A savoir si, de même que jadis ceux de l'Hébreu, les cheveux du Gall avaient été coupés rasibus? si, dans ce cas, ils avaient repoussé tout au long & si la vigueur avec eux était revenue enfin à ce mâle des mâles ? »

— Ah ! voilà!

Chacun commentait la question; on l'avait examinée point par point & de trente-six manières sans y voir encore suffisamment clair, lorsqu'au sommet d'un char à quatre roues, attelé de six cavales blanches du chanfrein à la croupe, recouvert de housses écarlates & longeant la rue Ibérienne, apparut tout à coup entre les deux Tours Sarrasines, sous l'arc du pont aux Anglais, éblouissante, bruissant dans les airs inondés de soleil, la toile ourlée de dorures qui portait imprimé le programme des XII futurs travaux du nouvel Hercule, & tout un chœur de bugles & de cors sonnait dans le lit de ce lourd carruque, aussi riche que le charroi du grand Artus, où le régisseur des arènes, armé, pour tout sceptre, d'une gaule, habillé de noir & cravaté de blanc, invitait la foule & frappait la bannière sous les plis ondoyants de laquelle, à peu près nu, les deux mains accrochées à la hampe, émergeait & trônait tel qu'une statue de bronze le plus sculptural des Castillans...

— Approchez, citadines & citadins, approchez-vous, s'il vous plaît.

Très superflue, en vérité, cette recommandation

que s'époumonnait à crier dans un porte-voix un héraut vêtu d'une ample toge jaune, écussonnée aux armes de la ville, & debout sur un trépied au-dessus du timon du char.

— Ici! gens, ici!..

Mais où voulait-il donc, cet hurluberlu, que la foule se faufilât! elle avait déjà glissé jusque sous le ventre des chevaux, & force curieux appendus aux jantes, aux rais des roues, s'étaient juchés sur les moyeux d'icelles à droite comme à gauche du véhicule à tel point surchargé que l'essieu, si solide qu'il fût, geignait sous le poids & demandait merci. « Vas-y, va! » D'un bout à l'autre de la place du Capitole, les yeux étaient large ouverts, & chaque oreille aux écoutes. Enfin, le quidam haut perché, le monsieur en frac de cérémonie, planant tel qu'un corbeau sur cette multitude grouillante, accoutrée de nippes bigarrées, affûta son bec & piaula... « Que signifiaient cette promenade en musique & cette exhibition? une chose bien simple : on avait fait courir le bruit que les autorités municipales s'opposaient aux grandes luttes annoncées la veille ; il n'était rien de plus faux, & c'est pourquoi l'administration du cirque avait immédiatement organisé ce système rapide de rectification! oui, la rentrée de l'Invincible aurait irrévocablement lieu le soir même, à l'heure dite, & tous les jeux d'adresse & de force énumérés sur l'affiche *que chacun pouvait voir & lire* seraient accomplis tour à tour par le premier Coq de France & de Navarre! Ainsi donc, c'était bien entendu, les portes des arènes s'ouvriraient au public, & la direction des susdites, toujours jalouse d'être à la hauteur des circonstances, avait le droit d'espérer & de croire que la population assisterait tout entière à ce spectacle vraiment inouï ; les luttes commenceraient à trois heures sans faute, à trois heures précises, *à trois heures sonnantes,* A TROIS HEURES ! tant pis pour les retardataires... Hue ! aïe ! » Et, sur un signe du banquiste, le char, entraîné par les six vigoureuses cavales, harnachées de peaux de lynx & toutes criblées de grelots, troua la foule, & longtemps après qu'il eut traversé la place & disparu dans le bas quartier des Arvernes, où, sans doute, il allait répandre la lumière, on entendit retentir au loin les éclats métalliques des cornets & des trompes; enfin, la rumeur s'abaissa graduellement, &, dès qu'elle se fut éteinte, on reprit aussitôt les mille & un propos qu'elle avait tout à coup suspendus.

« Sacré-Dié! la vieille brute que tous les gueux des Quatre-Paroisses locales estimaient à cause de ses rares qualités était un brave homme! Impossible de se mieux comporter qu'il ne l'avait fait en Rouergue, & son expédition de Beaucaire était tout simplement miraculeuse. Au surplus, ses chansons ne nuisaient pas à ses gestes. Un peintre, au moyen de la palette & du pinceau, n'eût pas décrit avec plus de couleur les lumineuses & profondes campagnes que maître Ignace (être franc de collier & se trouver nanti de ce prénom de jésuite... en voilà un guignon!) avait montrées avec son verbe; aussi toute personne ayant, la veille, entendu ce magicien, aurait-elle pu voyager en amont les yeux bandés, & reconnaître là, sans y être déjà venue, tous les endroits habités ou parcourus par le doyen. Nul, nul, à coup sûr, ne l'eût supposé jamais en état d'user ainsi de la langue. Une platine d'avocat & l'aisance d'un prédicateur, ce bon paroissien! Ah! certes, si quelqu'un, entre autres, avait à se louer de lui, c'était l'intéressant blondin qu'il avait entretenu, soigné, dorloté comme une mère & qu'il portait aux nues. Sans doute, ils n'avaient point amblé d'accord, dès le principe, eux deux, mais à présent c'était une autre paire de manches! Unis ainsi que la chair & l'ongle, ils respiraient ensemble à telles enseignes que l'un ne se mouchait pas sans l'autre, & quiconque eût entrepris d'empêcher ce commerce aurait passé positivement un mauvais quart d'heure. Avis à tous, petits & grands! Si la noble guenon essayait de retoucher au fruit défendu, papa Féroce était capable de la dévorer vive : os, bourre & tout, oui! mais il aurait fallu la pincer.. & cette garce était subtile comme l'air & l'eau. Peut-être eût-il été sage que son ancien servant ne descendît pas encore de son ermitage. Après une assez longue absence, elle était rentrée, elle aussi, la porte-malheur! & ses farandoles avaient déjà recommencé. Présentement elle brûlait pour un autre, & quel autre? Un nain, joueur de mandoline, haut comme une botte de gendarme & laid comme les sept péchés capitaux, que bourgeois & manants admiraient à l'envi le soir, dans une baraque installée auprès des Colonnes Ioniennes, sur les quinconces du Château-More. On avait eu des géants, & l'on se fût bien payé des nabots! Eh! c'était dans l'ordre! Après un modèle d'académie, un monstre! Il est vrai que celui-ci, ne manquant ni d'attraits ni de mérite, était un étonnant ménestrel! & qu'on se pâmait à l'ouïr. Oncques si triomphante guitare! Avec son luth enchanté, ce magot faisait rire & pleurer à volonté. L'on ne s'apercevait plus alors de la laideur outrageante du luthérien, & même, en dépit de sa tête difforme aussi grosse qu'une citrouille, & de ses membres aussi grêles que des pattes d'araignée, il semblait angélique, ce bout de démon, cé nouveau Tom Pouce logeant tant d'âme en un corps si mince! Etait-ce pour la musique ou pour le musicien que, chaque soir, la goule rôdait par là? Pour tous les deux, *sabbat de Dioux!* & bien qu'une hase ne chassât jamais une paire de lièvres à la fois, il importait néanmoins d'ouvrir l'œil. Hum! Madame aussi riche en caprices qu'en billets de banque, & se lassant si vite de ses frotteurs, pouvait très bien, après s'être rassasiée du vilain friquet, avoir l'envie de revenir au bel oiseau, qui, toujours amoureux de l'oiselle & malgré le vieux gardien... »

— Holà! gare! gare!

On n'eut que le temps de se réfugier sous les galeries ambiantes : ayant fait le tour des remparts, visité ruelles & carrefours, l'équipage du cirque, avec ses instrumentistes sonnant éperdus & ses juments catalanes ruisselantes de sueur & brûlant le pavé, déboucha d'une avenue opposée à celle par où naguère il était sorti à pas comptés, &, toujours à fond de train, gagna le centre de la place Capitoline, où, cors & bouquins s'étant tus un instant, le proclamateur agita la vaste bannière de soie au-dessous de laquelle, immobile & plus grave que jamais, songeait le beau Pyrénéen, & vomit en son porte-voix à pavillon très évasé ce cri qui passa comme une bonde de vent au-dessus du vulgaire :

A TROIS HEURES

LES HÉROS !

Après quoi, tel qu'un ouragan, le char, emporté d'un triple galop parmi la foule ébahie, disparut derechef entre les murailles extérieures des Dômes Sacrés dont un rayon splendide dorait les coupoles & les flèches.

« Hé mais ! déjà le haut lumignon baisse ? il faut se hâter d'aller grossir la queue étalée sur le boulevard des Licteurs, sinon nous aurons tous un pan de nez, clampins ! »

En cinq ou six minutes à peine, le forum fut déserté de la plèbe, qui, bientôt, en habits de gala, se préci pita, torrentielle, vers les antiques arènes romaines, non loin desquelles quantité de banderoles omnicolores, lamées d'or & flottant dans le ciel à la cime de deux grands mâts fichés en terre, s'enroulaient & se déroulaient au gré de l'air, rutilantes sous le soleil. Là, tout autour du massif monument construit par les premiers conquérants des Gaules, sur le faîte duquel on avait greffé depuis peu quelques légers édifices coiffés la plupart de gracieux chapeaux en cristal, un flot de prolétaires aux traits rudes, mais bons, stationnaient, & c'est à peine si parmi les sayes, les blaudes, les sarraus, les jaquettes ou les carmagnoles de tous ces faubouriens, apparaissaient quelques lévites de bourgeois, amateurs des joutes épiques. Houleuse comme la mer au temps des équinoxes, cette foule moutonnante battait sans cesse les grilles du gigantesque bâtiment circulaire, &, comme elles ne s'ouvraient point assez vite & que, d'ailleurs, on cuisait à la rage du midi, la rumeur publique montait, montait, toujours grandissante, & mille furieux grondaient, s'apostrophant à la ronde :

— Hé ! là-bas, Saint-Béat, toi qui te carres sous l'arcade centrale, on gage un écu de six livres contre un sou marqué que tu ne changerais pas ta caque pour la mienne ?

— Un écu ! tu me donnerais saint Crépin, ton poisseux patron, & son échoppe avec, que je ne bougerais pas d'ici...

— Savate !

— Oui, tu m'as chaussé...

— Voyons donc, cloutier de mon cœur, renseigne-nous de grâce, sur ce point : Ta femme en porte-t-elle d'aussi longues que celles de la vache à Joseph, & depuis quand ?

— Depuis que, fatigué du poids des miennes, je me suis dit : Charge à deux ! Eh ! mais, toi, charron, aimable voisin, ne serais-tu pas, par hasard, de ma confrérie ?

— Attends pour ça que j'oie gazouiller au ciel de mon lit l'oiseau jaune.

— Il a bon gosier & chante pour tout le monde ; un peu de patience, & tu l'oiras, sois-en sûr, truandaille, aussi bien que monsieur le captal !

— Oh ! celui-là, cuirassé de jonquille comme les loriots, a la grande cocarde.

— A dire vrai, moi, je voudrais bien avoir un plumet... il fait si chaud... Dieu ! ma pauvre gargamelle ! Un double setier de blanc ou de rouge y passerait sans toucher bande, comme l'eau des Trois-Rivières sous l'arche du pont.

— Tourneur, holà ! tourneur, as-tu vu ton ami Pharnacope aujourd'hui ?

— Non.

— Est-ce qu'il peste toujours ?

— Oui.

— Contre l'Homme ?

— Apparemment.

— Il a tort !

— Tort ! hé, qui, mille millions de milliards de varlopes & brequins ! ne se souviendrait d'avoir été saboulé ainsi ?

— Le fait est qu'il fut tanné...

— Comme un cuir de Catalogne ! & je vous certifie qu'il ne l'oubliera pas ; si c'était à recommencer, mes amis...

— Il serait retanné !

— Le tanneur dont vous parlez ne le travaillerait pas si facilement à cette heure-ci.

— Mieux que jamais !

— Selon toi...

— D'après nous tous !

— On n'admet pas ça !

— Comptes-y.

— Bah ! le raseur...

— ... rasera toujours.

— Idiots, vous vous figurez donc que l'Aglaé lui a laissé quelque moelle dans les os, à votre grand dépendeur d'andouilles ?

— Assez pour mettre à la raison, en quatre temps & six mesures, le Fléau-des-Dévorants & les merles qui te ressemblent.

— Un merle comme moi mangerait beaucoup de buses de ta race, & sans les plumer encore... Il est éreinté, votre éreinteur, il graillonne, il est fini. L'affiche, une blague !

— On verra bien.

— Nous verrons.

— Sieurs, on ouvre !

— Holà, doucement, vous autres, derrière ; une torgnole à celui qui poussera trop fort; & qu'on ne m'échauffe plus les oreilles !

— On nous moud & nous te moulons ; si ça te gêne, quitte le moulin, espèce d'âne !

— Attrape celle-ci, toi, bedeau de Sainte-Alfa, qui raisonnes & résonnes comme un méchant tambour de basque...

— Et toi, celle-là !

— Butor !

— Rossard !

— Dindon !

— Escroc !

— Coquin !

— Usurier !

— Racaille !

— Aïe ! on m'étrangle !

— On m'étouffe ! à moi !...

Battu-battant, on s'engouffra pêle-mêle dans les vestibules enfin &, dès l'entrée, les yeux du public s'écarquillèrent. « Taberlî ! quel luxe ! » Il est de fait que l'ordonnateur s'était mis en quatre & que la rotonde n'avait jamais été plus fastueusement ornée. Ici, là, de toutes parts sur les courbes parois du cirque s'étalaient de haut en bas des tentures, des tresses de feuillage, des écussons, le régional & le national, des oriflammes, des armes; &, rigides, cent mains métalliques s'élançant des combles tendaient des gerbes de drapeaux tricolores vers les gradins feutrés de mousse & de fenouil, encore humides de la rosée des champs. Exquise décoration, une double ligne de coquelicots & de bleuets bordait l'escalier de pierre intérieur, &, sur la plate-forme qui le couronne, se développait hardiment un arc de verdure émaillé de toute la flore du pays. Autour de la lice, que jadis tant de rétiaires & de mirmillons avaient rougie de leur sang en présence du préfet latin & de ses farouches légionnaires, les balustres de fer étaient tout enguirlandés de buis,& le sable de l'arène, extrait le jour même du lit du fleuve, reluisait, pulvérulent & vitreux, à la lumière ardente du soleil, qui, fidèle au rendez-vous, perçait de ses dards aigus la trame diaphane du velarium, & remplissait d'autant de joie que d'éclairs l'enceinte où la somptueuse bannière promenée le matin à travers toutes les rues de la cité se déployait, en face du haut portique dominant l'escalier monumental, au sommet d'un pyramidion, & montrait à tous, gravés en lettres d'or sur le pan de pourpre flottant, les merveilles si bruyamment promises & le chiffre de celui qui les devait accomplir. On le tenait donc enfin, il était là, le désiré, resté trop longtemps

absent, & personne, en cette fête, au milieu d'une telle
atmosphère de parfums & de clarté, ne songeait aux
sombres horoscopes tirés quelques heures auparavant
sur la place du Capitole. A présent les idées noires
avaient disparu de tous les esprits, &, si chaque bouche
exaltait Hercule, il n'en était pas une qui mêlât encore
son nom à celui d'Omphale ! Entièrement oubliée, elle,
l'impure ! on ne pensait qu'à lui, le plus limpide des
marbres-vivants, on se disait : « Il va venir ! » Et pour
tromper les dernières minutes, on se rappelait ses
débuts, sa candeur, son prestige & la longue série de
batailles qu'il avait gagnées sur toutes les illustres poignes
jalouses de sa prépondérance, & vainement accourues,.
pour la lui ravir, des quatre points cardinaux ! A ces
souvenirs déjà lointains & que chacun évoquait à
l'envi, se venaient joindre autant de conjectures :
« Avait-il mué ? Serait-il aussi bénin que jadis ? &
non moins friable ? Irrésistible ? Aussi beau ? Le ver-
rait-on, ainsi qu'autrefois, rompre sans effort les
plus nerveuses étreintes & saluer ensuite avec une

modestie de fillette le peuple transporté d'enthousiasme & criant : Bravo, bravo ! debout sur les banquettes ? Ah ! que l'heure réglementaire était paresseuse à sonner ! Elle ne sonnerait donc pas ? sacré Dieu ! Le cirque était plein, plein comme un œuf. Un pou de plus ne s'y fût pas casé. Qu'espérait-on ? Au diable la sainte patience ! on en avait eu trop ! assez temporisé ! Nul, après tout, n'avait le droit de faire ainsi tirer la langue au public. » Co... co.. co !... se mit-on à clamer de toutes parts, & l'on frappait des pieds en cadence pour accompagner le rhythme de la voix, co... commencez ! On eut beau taper, s'époumonner, il fallut attendre « la fainéante », & cette foutue polissonne, s'attardant exprès, sans doute, ne marchait pas plus vite qu'une tortue. « Ohé, là-bas, ohé ! l'on s'embête, & nous allons tout démolir pour nous égayer un peu. Co.. co.. » Soudain le régisseur des arènes, en costume de notaire, surgit assez emphatique d'on ne sait quel fond & leva la main droite. Aussitôt tout le monde se tut &, dans le grand silence qui venait de succéder au vacarme, on entendit tomber, lents & sonores, trois coups du bourdon de Notre-Dame-du-Christ, église métropolitaine de Mauhors, élevée sur les assises d'un temple consacré sous Rome païenne à ces deux Olympiens adultères : Mars & Vénus. « Il est l'heure, messieurs, il est l'heure! » Et l'important personnage sabra l'air avec une baguette d'ivoire. Alors un orchestre invisible de cuivres tonna comme une canonnade, & la troupe complète des athlètes, hormis un seul, ayant envahi la plateforme, descendit gravement les degrés de granit, au bruit d'une marche guerrière. Où donc le manquant était-il ? L'assemblée, le cherchant vainement des yeux parmi les stèles & les cippes, s'inquiétait déjà, lorsqu'il apparut enfin au sommet de la rampe, entre ses deux féaux, ce roi des arènes, encore invaincu...

— C'est Lui !

Trop émus pour s'écrier, les Maudurques s'étaient exprimés par gestes, & lui, debout sous l'arc de verdure, & ne semblant aucunement surpris de ce muet accueil, eut des regards hautains, assurés, froids, qui contrastaient fort avec sa timidité d'antan. Une main sur la hanche & l'autre sous le menton, il toisait arrogamment la foule, qui, certes, étonnée, hésitait à reconnaître en ce tranche-montagne le langoureux qu'un autre Merlin l'enchanteur avait si bien représenté vêtu du sayon de toile des paysans du Rouergue & rêvant couché sur les sauges, dans la grotte de la Grésigne, aux bords de la Veyre. Un tel front de capitan, une telle pose de matamore, lui, lui, timide autrefois comme un mouton & plus sauvage qu'une pucelle de quinze ans! Ah çà! mais, il était tout à fait changé! L'aimable vergogneux, tant choyé jadis, avait une tout autre dégaîne que cet effronté, derrière qui se pressaient côte à côte le jeune enflammé de Valladolid & le vieux rassis de Beaucaire...

— Est-ce toi, l'enfant?

A peine daigna-t-il répondre d'un hochement de crête à cette interrogation grosse de reproches, & toujours aussi maître de lui-même, impassible comme un héros de bas-relief, il passa royalement entre une double haie de rivaux échelonnés au long des marches, qu'il franchit une à une sans rendre le moindre hommage à l'honorable assistance, & dès qu'il eut mis les pieds dans la lice, où tant de fois il avait triomphé, les cuivres invisibles entonnèrent l'hymne roman du pays :

« *Aniren din's lou cel*
Nous irons dans les cieux
» *Cerca les estellos,*
Chercher les étoiles,
» *E, pu'naù que l'aùcel,*
Et plus haut que l'oiseau,
» *Boularen amb'elos ;*
Nous planerons avec elles ;
  » *Obe !* »
  Oui !

« *Quan saren pla sadouls*
Lorsque nous serons rassasiés
» *D'agaja las lusentos,*
De contempler les planètes,
» *Tournaren amb'els pouls*
Nous reviendrons chez les preux
» *Baisà las balentos ;*
Baiser les amazones ;
  » *Obe* »
  Oui !

Le trop fier Rouergois, qui foulait en ce moment le sable gazonné de l'arène, dressa la tête & s'arrêta sur place. En face de lui, de l'autre côté de la balustrade, une barrière grinçait sur ses gonds, & vingt grisets en blouse & tête nue, portant à la main des couronnes artificielles ou naturelles, entraient en scène. Ayant aussitôt reconnu le président & les membres du *Comité de secours,* institué six mois auparavant pour subvenir aux besoins du lion malade, Ignace, le mal prénommé, s'approcha de son pupille & lui parla bas à l'oreille. Il tressaillit, le frère d'Habelane la chaste, & marcha droit aux survenants. Un d'eux alors se détacha du groupe, & le peuple, comprenant ce dont il retournait, écouta :

— Valeureux natif de la grande forêt d'amont, tout Mauhors, content de te revoir en bonne santé dans ses murs, te souhaite ici par ma bouche la bienvenue & me charge de t'offrir en son nom ces glorieux insignes !...

Ayant parlé de la sorte en langue d'oc, ce naïf orateur embrassa le superbe & lui mit sur la tête une guirlande d'argent fleuronnée d'or. Oh! c'en était trop, l'homme de glace s'alluma, rougit de plaisir, &, retrouvant ses allures primitives, ses gestes ingénus, salua la foule avec effusion. On le reconnaissait enfin, il était redevenu lui. Non moins cordial à présent qu'aux anciens jours, & tout aussi fraternel, quels bons mouvements il eut, & comme les âmes froissées par sa froide morgue lui revinrent vite quand, dans la brassée de couronnes offertes, ayant choisi les deux plus belles entre toutes, il décerna l'une d'elles à l'Ours-du-Nord & l'autre au Loyal-Espagnol! Les honnêtes camarades eurent beau refuser ce don, & tenter de se soustraire à l'honneur que leur généreux ami s'ingérait de leur infliger si solennellement, ils furent par lui bel & bien couronnés; puis tous trois, se tenant par la main, le front ceint de feuilles de laurier & de chêne, firent triomphalement le tour du Colisée, aux acclamations formidables de la multitude en délire, que dominèrent bientôt les taratantaras éclatants d'une trompette. En entendant ces vibrations précipitées &

déchirantes qui donnaient le signal « des prises », chacun se brida sur les gradins, & les vingt mille prunelles de la foule se fixèrent sur l'arène, impatientes de juger si le Tombeau-des-Lutteurs était toujours digne de ce nom magnifique dont la misérable victoire du Chacal de Monaco n'avait pu le dépouiller.

— Ruse, applique-toi, joue serré! lui dirent ensemble les deux laurés, en le laissant seul au milieu de la lice : il compte, ton vis-à-vis, & c'est un crâne lapin!

Ompdrailles croisa lentement ses bras sur sa poitrine, &, haussant les épaules, sourit de pitié. Force regards, sitôt que ses parrains eurent décampé, s'appesantirent sur lui, car nombre d'amateurs étaient curieux de bien étudier sa performance. Ah! ce puissant batailleur était cruellement ravagé ; son corps, terni par le mal, avait perdu cette fleur de jeunesse qui le parait si bien jadis, & n'offrait plus ces rondeurs délicates & pour ainsi dire virginales où les yeux du peuple étaient amoureusement attirés. Hélas!

— Le diable me brûle ! souffla-t-on d'une bouche inquiète à l'oreille d'un gars assez rassuré, le rustaud est peut-être plus fort que moi ?

— Non, Ignace, non ; Albe s'amuse & n'a pas encore foncé !

— Bah ! tu supposes, Antonio ?

— J'en suis sûr ! Il s'y met à présent, & ça ne va pas être long...

Espoir & vœu d'ami que cela ! Rudement mené pendant une ou deux minutes, « le gros bon » avait évité à propos une feinte des mieux conçues, & s'étant jeté tout d'un bloc, à son tour il poussait, il pressait son antagoniste sans relâche, lui prenait les mains, les bras, le cou, visant à le cramponner au crâne. On n'en revenait point, aucun n'y pouvait croire, & cependant c'était bien vrai : « Monseigneur » avait le désavantage. Hé quoi ? ne dominant plus la lutte, il rompait autour de la lice, il fuyait tous les chocs, il se défendait, lui, l'éternel assaillant ! Trois minutes encore, il fléchissait, & bonsoir à tous ; adieu

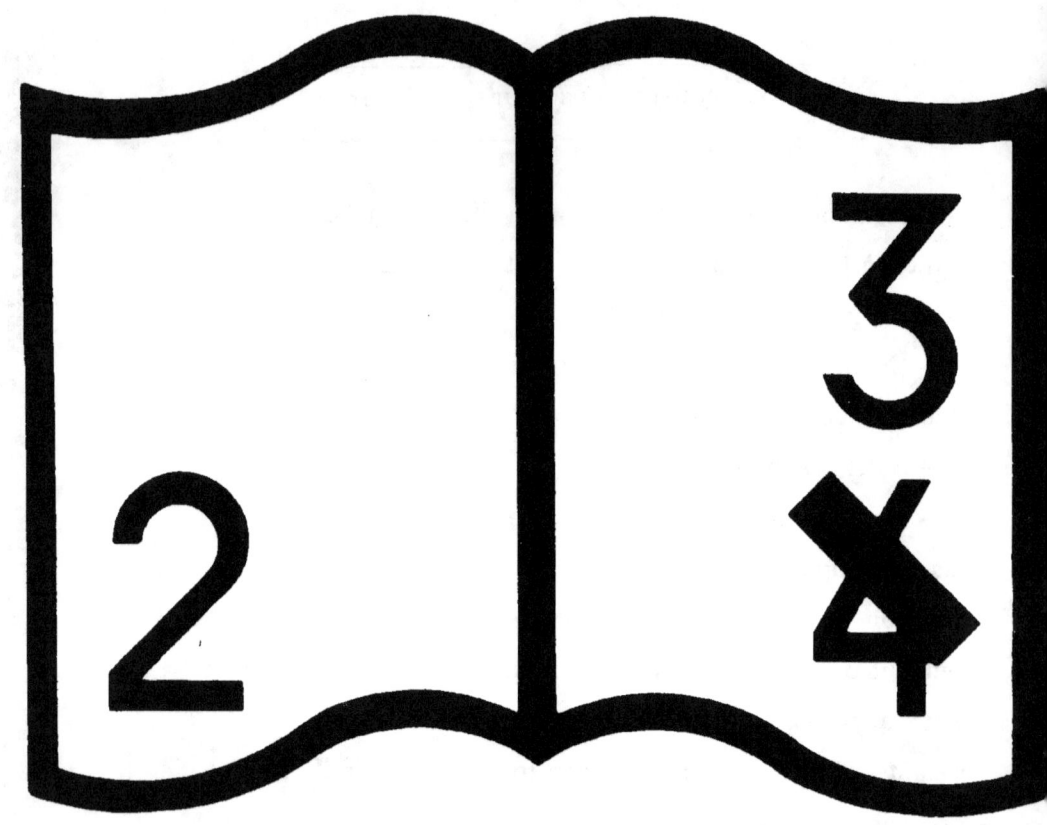

Pagination incorrecte — date incorrecte

NF Z 43-120-12

ses gloires! Sa Majesté Impériale & Royale était foutue! & la réputation des arènes maudurques avec lui...

— Tu flanches, pitchou!

Rien, non, rien de plus amer à l'homme, artiste, poëte, histrion ou soldat, que la désaffection imméritée de la foule! Ils le savent, ceux qui, la veille encore, adulés dans la victoire, cherchent en vain un courtisan si leur génie ou leur bras les trahit ou menace de les trahir le lendemain. Après tant de triomphes, il semblait devoir être vaincu, le constant vainqueur, & déjà, sans vergogne, on applaudissait à sa chute d'autant plus probable que l'on voyait trembler de tous leurs membres deux particuliers ordinairement fort tranquilles sur son compte.

— Un peu de silence, protestèrent-ils en même temps; silence!

On ne les écouta point. Toutes les bouches, toutes les mains, tous les cœurs étaient infidèles pour la première fois au demi-dieu contre qui l'épais agricol, enflammé par la louange universelle & tout gonflé de sang, s'acharnait.

— Houp-là ! houp!

Et ce mastodonte, pensant bien tomber enfin « l'Intombable », lâcha prise & s'élança coup sur coup afin de mieux saisir sa proie..., mais ses pattes trop lentes n'en atteignirent que l'ombre, & lui-même, empoigné furieusement à revers & par le milieu du corps, fut secoué comme une loque. Oh! la lutte changea d'aspect aussitôt & « caramba ! » « milodioux ! » il se pouvait que ce cornichon de Haute-Savoie expiât & chèrement les transes par lui procurées au Loyal-Espagnol, & le froid qu'il avait fait passer à plusieurs reprises dans les poils touffus de l'Ours-du-Nord.

« Heu ! heu ! murmura la foule en songeant que ce n'était pas ainsi que Tête-d'Or avait autrefois affronté Martin & le nègre Yul ; la belle histoire : abattre un pâlot accroché par derrière ! Il osait jadis offrir sa poitrine à qui voulait y poser les doigts, le jeunet,

& maintenant il la dérobait constamment à l'étreinte. Adroit, sans doute, il l'était devenu; mais l'adresse ne vaut pas la force, & l'on ne le verrait peut-être plus se planter au milieu de l'arène &, là, résister inflexible comme une barre de fer aux ceintureurs les plus hardis. Eh! non, non, assurément, il n'avait pas la poigne des premiers jours! »

— Haïe donc, flémart!...

On le sermonnait, on l'injuriait, ô misère ! Hors de lui, rongé de douleur, il devint aussi blanc qu'un linge, en comprenant bien ce que signifiaient de tels avis.

— Une minute, exprima-t-il par signes saccadés, attendez !

On n'attendit pas longtemps.

Ustripiers, enlevé comme une plume, & pirouettant dans le vide, s'étala sur le sol.

Le peuple, hostile ou désenchanté, resta partial, & devint cruel :

— A recommencer, prononça-t-il, le coup est nul, une seule épaule a porté !

— Les deux ! gesticulait, étranglé par la colère, l'un des disciples du Maître, toutes les deux en même temps !

— Oui, criait l'autre non moins indigné, la gauche & la droite à la fois, regardez-y !

Pas de pire sourd que celui qui ne veut pas entendre ; aussi, malgré leurs gestes & leurs clameurs, ie public persista-t-il à soutenir que l'une seule des omoplates du colosse avait touché, tandis que celui-ci, redressé, présentant à tous sa bénigne figure rustique, avait l'air de se dire : « Est-il possible qu'un moucheron m'ait ainsi balayé ? »

— Fends-toi ! l'éléphant, s'écria derechef la foule. Hop ! prends ta revanche !

A ces apostrophes iniques & qui s'adressaient ironiquement à lui, le grand lutteur courba d'abord la tête, humilié, puis, l'ayant relevée haut, très-haut, il marcha droit à son béat rival, qui, tout ébaubi, souriait aux bons Maudurques, & lui donna prise à volonté. « Tiens, tiens, est-ce qu'un peu de hardiesse

reviendrait à ce truqueur ? » Un peu, beaucoup trop !
Arpin, ni les Marseille, ni personne ne s'était exposé
jamais de la sorte, & ce fut une folie, à lui seul per-
mise impunément. Enlacé sur-le-champ & comme il
avait désiré de l'être, ce téméraire s'arc-bouta sur ses
jarrets d'acier, cambra l'échine, & les bras du Savoyard qui, selon toute vraisemblance, auraient dû
lui briser les côtes, se détendirent instantanément ainsi
que des cordes rompues.

— Ah! bravo, c'est franc, ça! voilà la vraie
méthode; à la bonne heure!

Et, par ce trait d'audace inattendu, le peuple, enfin
ramené tout entier à son ancien culte, acclama sa
vieille idole, qui fit la fière alors. « Ah! vous m'avez
méconnu, soit; eh bien! maintenant encensez-moi, je
m'en moque! &, si bon vous semble, admirez encore
ceci!... » Quoi! vraiment! Y songeait-il? A peine
dégagé de l'étreinte à laquelle il s'était si volontairement prêté, voilà qu'il baissait le front à présent &
l'insinuait à plaisir sous l'aisselle énorme du Géant

du Mont-Blanc ! « Qu'as-tu, pétit ? tu veux donc te faire *dévisser ?* » En dépit de la bête qui se balançait bruyamment de l'autre côté des balustres, le petit offrit sa tête au *Collier-de-Force*.. Aïe ! il était cravaté d'après ses souhaits & la cravate se serra. Succomberait-il à ce coup redoutable & que les amateurs considéraient comme irrésistible, avec le naturel de Chamonix surtout ? Un moment, un grand moment, on vit les deux athlètes tournoyer rapidement sur eux-mêmes en bouleversant le sable, ensuite on ouït un craquement. *Troun de Diou!* le « fol » avait ployé les genoux, & sa tête sortit, bleuie & tout en feu, des tenailles entre lesquelles elle avait été comprimée. Ah ! c'était inouï, cela, par exemple ! & l'Alpin, stupéfait, soufflant comme un tuyau de forge, écarquillait les yeux & bavait comme un idiot. « Attends ! attends ! citrouille, ce n'est pas tout ! » Il n'avait pas eu le temps de se reconnaître que, pris à bras tendus, soulevé d'un seul effort à hauteur d'homme & refoulé dans l'air, il allait, ce monceau de chair & d'os, s'appesantir & gémir sur les reins. Oh! cette fois, son échine entière, de la nuque au sphincter, s'était moulée dans la poudre...

— Eh bien, Jacob....

Il se releva péniblement &, navré, quoique toujours débonnaire, s'avoua « détruit ».

— ... as-tu déjeuné ?

Le Tombeau-des-Lutteurs, qui naguère quémandait un applaudissement, toisa de bas en haut le peuple en train de railler ce pauvre diable, &, s'étant précipité sur les marches de pierre où ses deux dévots l'embrassèrent éperdus, il s'éclipsa comme un éclair, au bruit des acclamations qu'on ne lui marchandait plus, & que, dans sa froide mais profonde colère, il affectait peut-être de dédaigner...

— Reviens, ami, reviens !

Et l'on tapait des pieds, en agitant chapeaux & casquettes. « Saints & saintes du ciel ! le Capitaine, le Major, le Général reparaîtrait avec tout son prestige ressuscité, sous l'arc de verdure, au sommet de cette

l'éphèbe était mort, & mortes avec lui toutes ses
puretés ! Ses chairs si fermes & si vives, ses couleurs
sobres & chaudes, ses membres étalonnés au compas,
son torse irréprochable & comme velouté naguère,
tout cela morbide, appauvri, fané, pollué, corrompu !
Comparaison peut-être étrange, mais absolument
exacte, il était à l'adulte intact du temps passé ce qu'a-
près toutes sortes de déflorations est à soi-même une
pubère exercée aux jeux meurtriers de l'amour. Adieu
les pourpres & les lys des lèvres sans tache ! adieu les
innocentes & fraîches suavités du sourire ! adieu l'azur
inviolé des claires prunelles ! adieu les effarouche-
ments & les hérissements de prud'hermine ! adieu
toutes les candeurs premières ! Oh ! ce n'était plus
l'éblouissant immaculé d'autrefois. Sa tête, haute &
sereine, quand il arriva novice aux arènes, il la
portait à présent penchée sur sa poitrine, à gauche
comme les voluptueux, & sa rousse chevelure, pareille alors à celle des Gaulois du Rouergue que les
légionnaires de César baptisèrent du nom de Rutènes,

avait pris une teinte moins ardente & lui pendait, inerte, par mèches molles, sur la nuque, au lieu de rouler mille anneaux & de se dresser telle que la crinière vipérine des Gorgones. Oh! non, ce n'était plus le splendide imberbe! Une forêt de poils avait poussé, fauve, entre ses seins, & des buissons d'or, échancrés aux joues, ombrageaient ses lèvres pâlies. Si ces mâles attributs virilisaient sa face, ils la vulgarisaient d'autant, &, certes, il eût fallu, pour le trouver aussi noble, aussi beau qu'il l'avait été, les yeux paternels de celui qui l'aimait comme on aime le sang de son sang. Ainsi qu'on dit d'une bête chevaline encore jeune & prestigieuse, quoique sur les dents : « Elle a trop caracolé! » de même on pouvait dire du Grand-Blond : « Il a trop servi! » Bref, en lui plus rien de l'ange ; on voyait toujours ses pieds, mais non plus ses ailes. A savoir si la barbare qui, d'abord, les lui avait rognées, puis ravies, comme elles atteignaient toute leur envergure, ne lui avait pas aussi cassé les reins!...

On conversait de toutes parts ainsi lorsque de nouveau le clairon retentit.

— Enfin !

A ce deuxième appel, le Géant du Mont-Blanc, en retard de cinq à six minutes, se présenta sur la plate-forme & dévala tout uniment. Une cariatide, un colosse, ce Savoyard. On l'eût cru pétri dans le calcaire des Alpes ; avec cela de la physionomie & beaucoup de simplesse. Il venait de Nîmes, & sa réputation l'avait précédé depuis longtemps à Mauhors, où jamais encore il n'avait paru. Les plus célèbres de la profession connaissaient bien son bras. En Avignon, il avait eu Creste le Taureau de la Provence ; écrasé sous Bordeaux, à Viloub, Bernard, le déloyal vainqueur de Rabasson le Parisien ; aplati Torranda le Faux-Monnayeur Génois, à Lyon, après sept quarts d'heure de bataille ; &, suivant les connaisseurs, il était, avec Antricon-Balastor le terrible Bossu de Saint-Jean d'Angély, & Nabuchodonosor III le Bourreau-des-Faubourgs, un des rares praticiens contre qui le Maître aurait certainement du fil à retordre. Un coup à lui, paraît-il, l'avait rendu redoutable aux plus impavides, qui l'évitaient : toute tête prise sous l'une ou l'autre de ses aisselles, était à l'instant dévissée. Outre sa force exceptionnelle, il avait aussi quelque artifice & c'était la prudence incarnée ; enfin une chose lui avait constamment valu la sympathie des divers publics en présence desquels il avait jouté : ses mœurs. Selon le sport, toujours très au courant des faits & gestes des baladins, il n'avait jamais hanté les cabarets ni les filles, & ne cachait pas son mépris pour les riboteurs & les bordeliers qui foisonnent dans les troupes athlétiques. Encore mineur, il s'était marié ; bon père de famille, il adorait son épouse ainsi que sa marmaille, &, très frugal, voire un peu serré, thésaurisait. A la belle saison, chaque année, en quelque lieu qu'il résidât, & quels que fussent les efforts tentés pour l'en empêcher, il pliait bagage, partait, regagnait sa contrée, où, d'après des gens bien informés, il possédait plusieurs arpents de terre, &

ne reparaissait dans les arènes qu'après avoir coupé son blé, décortiqué son maïs, engrangé sa récolte, biné sa vigne, ensemencé ses champs & fait un nouvel enfant à sa femme, laquelle ne s'en plaignait mie. Une telle conduite, à coup sûr trop irréprochable pour que personne y trouvât à redire, avait acquis l'estime de tous à ce digne campagnard des Alpes occidentales, & les gazetiers des villes où l'on connaissait ses allures puritaines avaient eu la malice de lui composer un surnom dont, après tout, il ne pouvait que se montrer flatté : *le Lutteur patriarcal.*

— On rira, ce sera chaud; décidément ils sont de taille !

Encore une fois vibra le cuivre avertisseur & les regards des deux champions en présence se croisèrent.

— Allez-y !

Thomas Ustripiers, fort placide, tendit amicalement sa droite au « fameux », & celui-ci, dont les mouvements fébriles contrastaient avec le calme enfantin qu'il avait montré lors de ses débuts, l'ayant serrée à peine, ouvrit l'attaque en prenant l'offensive. On entendit bientôt siffler la poitrine des combattants & leurs mains s'appliquer à plat sur les chairs. Autour d'eux tourbillonnaient les fleurs dont le sol avait été jonché ! Dès les premières passes, Arribial, qui piétinait appuyé contre les balustres de pierre à côté d'autres experts, se tourna vers son plus proche voisin & lui dit :

— Il est dur, le paysan !

— Oui, très-dur ! répliqua Blas ; extrêmement dur !

Une surprise indicible éclatait déjà dans les yeux troublés de la foule :

— Hé ! qu'est-ce que ça signifie ? chuchotait-on à la ronde sur les gradins ; notre partenaire n'a pas du tout la même escrime.

En vérité, la réflexion était juste. Il usait de toutes les ficelles du métier qu'il avait apprises à fond, ce nigaud d'antan. On ne le savait pas si correct, si mathématique. Autrefois, il procédait avec plus de simplicité, déjouant sans malice & par sa force seule les pièges les plus compliqués ; à présent, au contraire, il tâtonnait, il combinait ses coups, il préparait ses ripostes, & ne dédaignait ni la feinte ni l'embûche. Ah ! cette nouvelle manière, quoique intéressante, n'avait pas le charme de l'ignorance. On eût préféré son vieux jeu si bête, si franc, mais toujours large & toujours imprévu. Pratiquant d'après la méthode, il ressemblait aux autres, à tous les autres lutteurs, & ne tenait pas du tout ce qu'on avait attendu de lui, lion caduc, aigle éclipsé !

— Mirez-le donc, il se rengorge à présent & roue, ce paon-là !

Très exacte encore, cette observation : oui, Sainte-N'y-Touche avait fait peau neuve, &, nouvel Artaban, il s'efforçait à paraître, & travaillait ostensiblement en vue du qu'en-dira-t-on. Allongeant ou rétractant les membres, se dressant sur les ergots, exposant aux regards de tous sa jambe qu'il avait toujours belle, & bombant ses reins encore incomparables, il voulait qu'on l'admirât, il exigeait qu'on l'applaudît, & toute sa physionomie orgueilleuse criait : « Eh bien ! avez-vous vu mon pareil, & ne suis-je plus le prince des princes ? » Aucun de ses anciens admirateurs ne s'avisa de le démentir, seulement on était chiche de bravos sur les galeries, où ses yeux allumés semblaient chercher quelqu'un.

— Hé ! ne pose donc pas !

Il perçut ce propos & *posa* de plus belle, tandis que l'autre, au contraire, allait, lui, son petit train-train, &, très attentif, opérait d'un air bonasse. Assurément il devait avoir de vigoureuses serres, ce balourd, car le corps marmoréen, où jadis nulles mains n'avaient laissé de traces, était déjà maculé de rougeurs, & l'Infatigable haletait. Trois ou quatre passes se succédèrent, inefficaces. « En voilà de solides piliers ! » Oui, mais, tout en pensant ainsi, le peuple était obligé de convenir que, comme poids, l'ennemi des catins l'emportait au moins d'un quintal sur l'amant de la Montauriol !

plate-forme où tant de fois il avait reçu l'ovation. Ni si, ni car! » Et la plupart des pensionnaires de l'administration, entraînés malgré leur incurable haine, imitaient la foule & le réclamaient à qui mieux mieux & d'un seul cri; mais il avait l'oreille dure, ou plutôt il feignait d'être dur d'oreilles, cet enfant gâté! Bouderait-il, par hasard? On avait été raide, & même injuste envers lui, d'accord! mais était-ce un motif de tenir rancune au public? ah! non, par exemple! En définitive, on l'aimait toujours autant que par le passé, tout autant, &, certes, il pouvait bien pardonner une minute d'erreur ou de tiédeur à ceux qui jusque-là ne lui avaient jamais ménagé ni bravos ni couronnes, & que la crainte seule, & non pas le désir de le voir rouler dans le sable par cette grosse ganache venue des arènes étrangères, avait rendus, on en convenait franchement, un peu plus rudes de gueule qu'il n'eût fallu, mais qui, tous, à n'en pas douter un quart de quart de seconde, avaient parlé sans venin ni malice, & surtout sans la moindre intention de le molester en quoi que ce fût. Allons ! il avait tort, très grand tort, que diable ! de se formaliser de la sorte, & l'on avait raison d'exiger qu'il obtempérât au vœu de tous & sur-le-champ !

— Il vien-dra, criait-on de tous côtés en scandant les syllabes, il vien-dra !. ;

Point.

On eut beau hurler & tempêter derechef encore, il demeura sourd à toutes les clameurs. Sapristi, le rétif ! ah ! décidément il n'y boutait aucune grâce, & ce n'était pas bien de sa part, cela. Quel têtu, ce monsieur ! On ne lui pensait pas la tête si près du bonnet, & vraiment il n'eût pas agi comme ça jadis... Si, par hasard, la Scorpione s'était juré d'en faire un mauvais coucheur, elle pouvait se vanter d'y avoir réussi. La riche garce ! Il y avait trop longtemps que, par un tas de manigances, elle tarabustait les « manants ! » & ceux-ci, manquant de patience à la fin des fins, se permettraient peut-être de lui tailler des croupières, à cette noble mangeuse de croupions. Son hôtel, flanqué de

tourelles, était, paraît-il, assuré contre la grêle &
l'incendie. Eh bien ! on saurait le foutre à sac & le
raser comme un vaisseau ! Crédi ! gare que quelqu'un
un jour ne la reconnût aux arènes, où, suivant ce bien
informé de Saint-Flour, elle avait le toupet, triste
poule toujours en quête de gais coqs, de se risquer
parfois en bragues comme les mâles ; on la déculot-
terait sans pitié, nom de Dieu ! puis, après l'avoir
troussée, fouillée, dépouillée, on la suspendrait toute
nue au pinacle du bâtiment, & là, de face ainsi que de
profil, chaque oiseau contemplerait à loisir cette oiselle !

— Hé ! *marquis*, hé ?

Si ce frondeur ne consentait pas à mettre les pouces,
on se fâcherait pour de bon ! Après tout, le peuple
est souverain & c'est une bêtise de regimber contre lui,
puisque tôt ou tard il faut, bon gré, mal gré, se plier à sa
loi ! Donc, ordre exprès du maître au serviteur & comparution personnelle immédiate de celui-ci devant celui-là.

— Vous l'avez mortifié, rugit une voix rauque, il se
venge & je l'approuve !

— As-tu fini, carcan ?...

— Non.

— On t'a déjà prié très souvent ici de ne pas te mêler de ce qui ne te regardait point : on l'aime pour le moins autant que toi.

— Non pas !

— Si fait !

— Triple Dieu ! vieil animal, cours à lui, sinon, nous y courons, nous.

— Ils ragent ! murmura le tramontain, ne les contrarie pas davantage, vas-y.

Trouvant que les insolents n'étaient pas assez punis ainsi de l'outrage qu'ils avaient fait subir au « fils » en applaudissant hors de propos & sans mesure un mastoc saboulé par lui selon les règles, à différentes reprises, « Papa Féroce » n'éprouvait nulle envie de céder aux injonctions générales, & voilà qu'il retenait le jeune señor impatient, lui, de voir leur irascible compagnon & le peuple se réconcilier une fois pour toutes.

— Sus! vociférait-on avec fureur ; à l'escalade ! en avant !

Enfin, il eut peur, Martin, que les choses ne tournassent tout à fait mal, &, grommelant, il gravit à regret & comme malgré soi les soixante marches de pierre.

— Ours, amène-le, lui cria-t-on encore, amène-le vite ici, crois-nous.

Il branla sa tête grise, qui depuis quelque temps blanchissait à vue d'œil, & s'effaça lentement derrière les statues héroïques rangées sur la plate-forme, autour d'Héraclès.

On se tut & l'on attendit.

Une minute s'écoula...

Tout à coup les mille bouches du peuple tonnèrent à la fois & le Colisée des Quirites trembla sur ses assises :

— Ompdrailles !

Altier & bras croisés, il aspirait l'air à pleins poumons & se carrait là-haut, sous l'arc de verdure. On était satisfait ; il avait faibli. Plus de menaces, plus de colère; la foule, désarmée, exaltait son vivant fétiche, &, pendant qu'il s'inclinait avec impertinence, on put voir derrière son dos celui qu'il avait tombé, le géant sympathique & doux qu'on avait osé lui préférer un instant, & que, par forfanterie, il traînait à sa suite ainsi qu'un ornement de triomphe : Ustripiers le Lutteur Patriarcal !

— Eh bien ! bouffi, qu'en dis-tu ? t'a-t-on assez secoué commé cela ?

— Cette mazette ! elle croyait avaler tout vif le Rempart-de-Mauhors !

— A l'école, innocent ! &, si tu peux, tâche d'apprendre à te tenir debout !

— Un conseil, l'ami ! Retourne à ta charrue : va panser tes bœufs !...

— Et remplir ta moitié.

C'est ainsi que la plèbe, oubliant & voulant faire oublier à son favori les amertumes dont elle l'avait abreuvé naguère, apostrophait & ravalait le vaincu; mais l'autre, le triomphateur, irrité de tant d'injustices consécutives, sut le venger en se vengeant lui-même. Irrévérencieux, avec un geste outré de compassion, il attira devant soi le Goliath &, l'ayant exposé complaisamment aux regards de tous, il contraignit les railleurs à l'acclamer encore. Abasourdi, le bon rustre béait, tandis que les salves exigées volaient autour de lui. Rentrer en grâce auprès de Son Altesse Sérénissime, c'était tout ce qu'on désirait à cette heure, & pour cela l'on se fût mis en quatre, oh! rien n'eût coûté. Quel biais prendre cependant afin de lui prouver incontinent & le repentir qu'on avait & le respect dont chacun était rempli pour Elle ?... Un matois en indiqua le moyen :

« *Biargos, Estré,* c'est-à-dire ce mal bâti, qui devait le surlendemain même se mesurer avec « le chef-d'œuvre de la création », se trouvait en ce moment aux arènes ! Or, pourquoi ne pas proposer que le *Deuxième Travail* ait lieu sur-le-champ ? Pardieu ! le nouvel *Hercule* y souscrirait avec plaisir. Autrefois, n'avait-il pas successivement lutté dans la même séance contre les trois principaux de la légion ? En cette affaire, il avait même été plus brillant encore à la dernière qu'à la première tripotée ! &, pour lui, ce n'était donc point la mer à boire qu'une pareille épreuve. On y rencontrerait à coup sûr l'occasion de l'applaudir, non pas de main morte, à cette fois ; & certes, il sentirait bien, à l'unanimité comme à la chaleur des bravos, qu'on n'avait jamais cessé de l'avoir en très-haute estime, & qu'en dépit de tout il était toujours le préféré du peuple ! »

Une telle motion ne pouvait que plaire à tous ; aussi, sans aucune sorte de débats, fut-elle admise incontinent.

— Appuyé ! bon !

En vain, Arribial essaya de s'élever contre ce nouveau caprice du public, on ne tint aucun compte de ses grognements. Il eut beau dire que le « Carrier » était encore fatigué de sa victoire sur le « Paysan », & que, « l'étranger » étant, au contraire, tout frais, les chances du combat demandé ne seraient pas égales ; on ne fit pas plus attention à lui que si de rien n'était, & l'on continua sur tous les gradins à requérir le Deuxième Travail. « Les cabrioles ! sur l'heure ! » Et, comme le tumulte ou plutôt la cohue redoublait, M. le directeur des arènes, afin d'y mettre un terme, crut bon de se produire de soi-même sur la plate-forme &, là, de haranguer « l'honorable & brillante société ! » Tout coula bien d'abord; mais à peine le malheureux intervenant eut-il annoncé ceci : « Le programme sera simplement rempli dans l'ordre inscrit à l'affiche », qu'il fut impitoyablement hué, gourmandé, sifflé de toutes parts.

— Silence au bavard !

— De grâce, messieurs, laissez-moi finir; encore un mot...

— Tais-toi.

— Pardon !...

— Assez ! Zézayer n'est pas parler ; rends-nous notre argent & ferme ta boutique.

— Ecoutez-moi !...

— Jamais !

— On me connaît...

— Un peu !

— Je suis un honnê...

— ...te filou.

— Quoi! l'on ose ici!... Je proteste & protesterai contre tout mal embouché...

— Mal embouché toi-même, espèce de cuistre sans patente !

— ... assez oublieux de la civilité pour ne pas me traiter avec l'égard qui m'est dû...

— Failli !

— Contumax !

— Ivrogne !

— Ultra-blanc !

— Cocu !

— Bourrique !

— Anglais !

— Salop !

— Porc !

— Chapon !

— Nicodème !

— Oie !

— Ane édénté !

— Juif !

Force amabilités encore...

Et le malheureux impressario, sur qui pleuvait cette averse de bénédictions, s'assouplit & composa ; trop madré pour témoigner de l'humeur à sa nombreuse clientèle qui lui permettait de vivre en nabab, il insinua très jésuitiquement, avant de s'esquiver, que tout dépendait de son célèbre pensionnaire, & que, si cet admirable praticien, lui, consentait à redescendre dans la lice, elle, de son côté, l'administration n'y verrait aucun inconvénient, très heureuse au surplus d'acquiescer aux requêtes toujours congrues & toujours légitimes d'un public d'élite. A la bonne heure ! Il était redevenu poli, le patron, il se pliait au vœu général ; l'employé, parbleu ! s'y plierait aussi : car, en définitive, il était très sensé, ce garçon,

&, bien qu'un peu contrariant parfois, il ne demanderait pas mieux que de complaire au peuple, lequel, après tout, ne voulait comme toujours qu'une simple chose : être obéi.

— La gavotte !

— Et les danseurs !..

— Avec ou sans escarpins !

Et mille autres clameurs...

Une fanfare très connue éclata soudaine au milieu des cris, celle du « primerain », à laquelle répliqua bientôt un rire de hautbois.

— Oh ! oh ! oh ! Serait-ce, par hasard, la trompette du Raboteux, cela ?

— Mais !

— Sapristi, quel cuivre !

OMPDRAILLES	contre	ANTRICON-BALASTOR
(*Le Tombeau-des-Lutteurs*)		(*Le Terrible Bossu de St-Jean d'Angély*)
	LUTTE LIBRE	

cria trois fois de suite à voix pleine le proclamateur des arènes athlétiques.

— Hop, petit !

Albe bondit tout empourpré, cheveux au vent, vers la lice.

— Et l'autre ?

On fixa les yeux sur la plate-forme où le clarissime Saintongeois allait sans doute luire, environné de rayons...

— Un roué, ce damoiseau !

— Peuh !

— Vous allez voir ! A ce jeu, c'est prouvé, le plus dégourdi, trois fois sur quatre au moins, a raison du plus lourd.

— On n'a pas pratiqué ce genre de lutte, ici, depuis ce jour de l'an des Neiges, où, devant l'infante d'Espagne & le prince de France, se peignèrent si gentiment Balart Tord-Boyaux & Remi Juviox le Fricoteur.

— Et celui-ci, qui ne pesait pas deux onces, *eut* sans peine en trois tours de main celui-là, qui, sans mentir, est aussi haut & non moins carré que le Thomas de tout à l'heure.

— Oui, mais on prétend qu'à Saint-Andréol, le particulier en question a battu plus de dix fois ces deux cardeurs, sans compter Xandri Cœurd'hérétique & Spirillo le Charmeur d'Abeilles.

— Soit, mais quelle différence entre notre officier & tous ces caporaux-là !...

— Camarades ?

— Hein ?

— On ne voudrait pas être dans la peau du démantibulé.

— Ni moi.

— Moi non plus.

— Si fait, lui !

— Lui, qui ?

— Riquet à la houppe, qui s'en ira d'ici chargé de doublons.

— Oh ! pécaïré !... C'est en vinaigrette qu'on le rapportera chez lui.

— Chut !... le voici.

— Fausse alerte !

— Il parle en haut, tout là-haut, je reconnais son timbre !

— Arrive, arrive donc, & tu seras bâté, chameau des frontières du Poitou...

Le chalumeau répondit au dernier appel du clairon par une gamme bizarre.

— Ha ! très bien !...

Elle disait, l'*amboise,* elle disait une sorte de pot-pourri populaire & très gai, dont tous les spectateurs entonnèrent immédiatement le refrain :

« O l'aimable Mayeux !
Tiens, voilà la bosse,
La fameuse bosse
De monsieur Mayeux,
Sacré mille-z-yeux ! »

Au plus fort des cris & des chants, on vit dégringoler au long de la rampe, &, tout de suite après, sauter par-dessus la balustrade, cabrioler au milieu de la lice, une chose, un être, un homme, Antricon-Balastor, le Terrible Bossu de Saint-Jean-d'Angély lui-même.

— Honneur à toi, coco !...

Debout au centre du rond-point, le compère, content d'une telle réception, se tourna successivement vers les quatre points cardinaux, &, gracieux, exécuta quatre grandes révérences ; après quoi, rapide & jovial, il se mit à tourner dans le cirque. Est-ce que ce luron, qui chiquait & tanguait sur le sable ainsi qu'un canot sur la mer, avait été matelot ? Oh ! mais oui, tiens ! un quidam tel que lui connaissait la hune & le grand mât, la misaine & le beaupré. Mousse ou gabier, il avait, parbleu ! jadis drissé les vergues, serré les ris, hanté la cale & les haubans ! Son ancien métier se lisait, d'ailleurs, sur tous ses membres tatoués de cabestans, d'ancres, de bouteilles en éruption & de cœurs enflammés ; en outre, au milieu de sa poitrine était gravée cette devise : *Amour, bombarde & tafia !* puis trois petits Cupidons ailés, carquois en bandoulière, arc à la main & bandeau sur les yeux, chevauchant une grosse pipe, écussonnaient son échine incorrecte ; enfin, il portait des anneaux de cuivre ou d'or aux oreilles, une bague marinière à l'annulaire de sa main gauche, & chacun de ses poignets était indélébilement marqué d'un mignon navire arrondi, gréé, toutes voiles dehors.

— Hé! timonier, hé! laisse voir un peu les antennes de ta gabarre, &, pour ça, m'ami, s'il te plaît, vent en poupe!

Obéissant, il vira de bord, découvrit ses œuvres vives, & ceux qui l'avaient hélé purent l'étudier à fond, du sinciput aux orteils.

— Sang-Dieu! quel ondin!...

Il avait une allègre figure très hâlée, un menton recourbé comme la carène d'un vaisseau, des yeux vairons, un sourire où vivait la malice indomptable de son âme ; étique, il paraissait dodu ; long, il paraissait bref. Un pareil trompe-l'œil provenait de sa conformation, irrégulière s'il en fut. Emboîté dans ses hanches & tout en jambes, ses genoux eussent atteint au bas-ventre d'un tambour-major, & son torse abrupt, tourmenté, calamiteux, était plus court que celui du moindre tapin. Assise entre les épaules qui la portaient, carrée à la base & pyramidale au sommet, une protubérance extraordinaire, surplombant l'occiput, semblait, vue à distance & de côté, coiffer le crâne en pain de sucre comme elle. En vérité, cette gaillarde, on l'eût dite douée d'une vie exclusive & le plus souvent contradictoire à celle du reste de l'organisme : ainsi, par exemple, elle pleurait quand son propriétaire riait, & *vice versa*. Tel quel, voilà le bellot ! Il ne se croyait peut-être pas joli, joli ; mais il se jugeait très intéressant, & cette excellente opinion qu'il avait de lui-même émanait de sa personne entière à chaque fois qu'il tentait de se passer les doigts dans les cheveux ; hélas ! sa chevelure !... il était chauve, & chauve à ce point que son crâne, hormis le bas des tempes, s'offrait, du front à la nuque, aussi lisse, aussi glabre, aussi nu que sa bosse conique & ses genoux circonflexes...

« Ah !
Mayeux
Se fait vieux,
Cagneux & chassieux,
Ah ! »

L'oreille au vent & l'œil en coulisse, Sa Grâce, rêveur & charmé, soupirait. Très loin de se fâcher de la chanson spontanément entonnée en son honneur, il imprima, le chant fini, deux ou trois oscillations incroyables à son éminence charnue, & l'obligea, sans y porter les mains, à saluer le peuple en liesse ; ensuite, il cingla très délibérément vers le royal hargneux, à qui l'allégresse excessive de la foule avait beaucoup déplu, mais dont le front à la fin s'était un peu déridé.

— Va, va !

Chacun, sur les gradins, riait à cœur-joie en se tenant les côtes, & l'on trépignait de plaisir à les voir tous les deux face à face, celui-ci droit comme un fût de colonne, celui-là tortu comme une vis ; Achille & Thersite !

— Assis : ils y vont...

En effet, l'un marchait nonchalamment & dédaigneusement contre l'autre, campé comme un professeur de boxe & de savate.

— Hé ! prends garde à toi, la Grand'Nonnain, Arthur est subtil !

L'idole tourna vers ses adorateurs un front étoilé..

— Gare !

Antricon, accroupi depuis quelques instants sur ses maigres gigues, s'était élancé déjà ; fort habilement dirigée, sa tête pointue entra comme une vrille entre les cuisses jointes de « l'orgueilleux, » qui, presque aussitôt soulevé de terre & posé à califourchon sur la croupe montueuse du goguenard, flotta de ci, de là ; le coup avait été foudroyant & valait pour le moins un bravo...

— Gloire, gloire à Lisette !

Et, tout en clamant de la sorte, on plaignait le splendide ouvrier ainsi compromis. Se tirerait-il de ce mauvais pas ? Il trônait à cinq pieds du sol, & ses bras, battant l'air, se crispaient dans le vide. Assez satisfait comme cela du résultat obtenu, l'avorton sourit & se cabra, burlesque, sous son beau fardeau. Par deux fois il avait mesuré de l'œil le centre de l'arène ; il s'y jeta soudain, la tête en avant. Emporté, précipité, Monseigneur des Lys chancela, trébucha, mais ne fut pas abattu. Debout sur l'Esope, allongé à plat ventre, il grinçait des dents, & son regard était celui d'un homme mortellement offensé...

— Fichtre ! si mademoiselle Sans-Tétins se pique, ça va mal aller tout à l'heure pour Mme La Mamelue !

Oui, mais le vieux loup de mer avait du vif-argent dans les veines, & glissait comme une anguille entre les doigts qui l'étreignaient. Tout à coup il se requilla, fit des pieds de nez au « Capitaine », outré de tant de turlupinades, & sa bosse, toute rouge de joie, eut l'air de dire & dit en vérité :

— Je suis encore là, moi !

Les Maudurques se divertirent fort à cette pantomime, & leur fétiche, par eux encore bafoué, se mordit les lèvres. Un tel combat, un tel adversaire lui répugnaient absolument, à lui si noble. Amoureux de son art, il l'avait jusque-là toujours pratiqué décemment & se sentait amoindri d'avoir affaire à ce paillasse difforme, qui ridiculisait les jeux athlétiques & les athlètes... « Saint-Dieu ! finissons-en, & vite ! » En finir, rien n'était moins facile. Outre que la *lutte libre*, avec ses crocs-en-jambe & ses mille tours de Jarnac, ne lui fût pas devenue aussi familière que la lutte à mains plates, astreinte à des règles sévères, à peu près invariables, le roi des arènes avait devant lui le premier du genre, un farceur pétri de ruses, aussi robuste qu'agile, & que sa gibbosité prodigieuse rendait presque insaisissable. Il fallait cependant le prendre & le *tomber* réglementairement, ou s'exposer aux moqueries lancinantes de la foule, qui grommelait encore sur les gradins. Hésitant, indécis, S. M. ne savait trop que devenir. .

Une voix vexatoire cria :

— Réveille-toi donc, l'Endormi ! laboure sérieusement ou couche-toi.

Le fier drille frémit, & le sang lui monta bouillonnant au visage. On voulait qu'il *labourât;* il allait labourer, & sur-le-champ ! Prompt, afin d'avoir plus de mordant sur les chairs en sueur de l'ancien marin, qui s'ébaudissait tout son soûl, il frotta de sable ses poignets & ses jarrets; ensuite il revint au bouffon, qui provoqua de nouvelles explosions de rire en simulant une terreur subite. Oblique & comme épuisé, ce pantin, se mouvant avec des allures de crabe, fit, en fuyant à travers l'arène, les délices de la galerie : &, s'étant laissé pincer, une fois, dix fois, vingt fois en une minute, il s'effaça, coula, fondit comme du beurre dans les mains trompées de son farouche traqueur, que ces tours de passe-passe exaspéraient de plus en plus.

— Attrape la carpe par les ouïes, nigaudinos; puis enlève-la, si tu peux !

Et le public, ravi, trouvait cette frasque charmante & souhaitait qu'elle durât... Ils s'empoignèrent enfin à bras-le-corps & se malaxèrent à mains jointes. On comprit alors pour quelle cause Antricon-Balastor avait été qualifié de Terrible-Bossu de Saint-Jean-d'Angély : sa compagne inséparable bataillait. Etreint, *ceinturé* même, il se disloquait avec une souplesse vraiment merveilleuse, de telle sorte que ses reins anguleux se transposaient tout à coup à la place occupée, une seconde auparavant, par sa poitrine peinturlurée comme celle d'un grand chef des Sioux ou des Delawares, & que l'antagoniste, aux abois & toujours dupé, se blessant aux saillants de la bosse offensive autant que défensive, était obligé sans cesse de lâcher prise.

— Aïe donc !

Harponné de dos, & soumis pendant trente secondes au plus accablant massage, le pelé de la Charente se dégagea pourtant encore une fois & réussit à grappiner, à maintenir le chevelu de la Grésigne dans une position exactement pareille à celle dont il venait de se délivrer lui-même. On se désopilait la rate sur les banquettes. Attentifs aux péripéties du combat & groupés sur les marches basses de l'escalier de pierre, les plus stylés de la troupe soufflaient à peine & ne bougeaient pas. Seuls, ces fins compagnons s'expliquaient peut-être l'inaction apparente & momentanée du « supérieur » & le coup final qu'il préméditait... Ils ne s'étaient pas trompés ! Soudain, ils respirèrent à pleins poumons : leur heureux rival, qu'ils haïssaient tant naguère & beaucoup moins aujourd'hui, leur dompteur à tous, avait envoyé brusquement ses mains ouvertes derrière sa nuque, & voici que, pareilles à des étaux, elles s'étaient fermées, emprisonnant le cou de l'agaçant fantoche qui narguait terre & cieux. Il fallait, ou que celui-ci suivît l'impulsion donnée, ou qu'il cassât. Une, deux, trois!... Sa Grandeur courba violemment les reins, & l'arlequin, projeté dans l'espace ainsi qu'une pierre par un treuil, arriva sur les balustres de fer qui circonscrivent la lice, & là, ricochant à plusieurs reprises, il tomba, comme une balle morte, entre deux pilastres.

— Sang-Dioux ! s'exclama-t-on d'une voix unanime, il est assommé !

Déjà tout contrit de sa sauvagerie, le doux originaire des Pics d'Aujol s'était penché sur celui que l'on croyait tué, lorsque, saillissant comme un diable cornu du fond d'une boîte à ressorts, ce drac se redressa d'un seul jet..., &, ma foi, fit de nouveau la nique à l'excellent cœur.

Aussitôt une hilarité véhémente agita de fond en comble la foule ahurie.

— On avait bien raison ! il est, en effet, quelque peu malin, le dromadaire !

— Archi-malin !

— Et, s'il sait faire le mort, ce dégingandé, pour ressusciter, à lui le pompon !...

Ah !
Voilà la bosse !
Si grosse ;
L'éternelle bosse
Du petit
Riquiqui
Chéri,
Qui se brosse
Pour aller à la noce !

Une fois encore, le « chameau des frontières du Poitou » fit jouer ses vertèbres dorsales en signe de satisfaction ; puis, avec force gambades & force moues, il se rua derechef à l'assaut, & l'assailli, tout interdit, eut en moins d'une minute reçu vingt crocs-en-jambe & tout autant de tours de bras. On se tordait de joie sur les gradins, & le trop généreux comtadin, hors de lui, désarçonné, presque aveuglé, voyait à grand'peine, & comme à travers un opaque nuage de brume, les spectateurs en délire & la face exhilarante & sardonique du bossu !

— Quelle gueule, le Roux ?

Ah ! l'injure, vraiment, dépassait toutes les bornes & cela ne pouvait durer ainsi. Debout à côté du Loyal-Espagnol, derrière la balustrade, l'Ours-du-Nord tendit ses pattes énormes au ciel, & menaça de sauter dans la carrière, afin de mettre un terme à ce navrant spectacle : autour du doyen, &, comme lui, ses confrères atterrés, humiliés, palpitants, souffraient ; un singe insultait le lion, & le peuple imbécile osait permettre cela...

— Chut! Martin, chut! il nous plaît à nous de rigoler un peu.

— *Miaou !*

— *Hi-han!*

— *Ouah ! Ouah !*

— *Co co ri co !*

Subitement les rumeurs s'apaisèrent, & l'on entendit un bruit sec & mat. Tête-d'Or, courroucé, terrible, avait appréhendé la bosse ennemie à pleines mains, & le porteur d'icelle remuait entre ciel & terre, exposé, la sole des pieds en l'air, aux regards de ses admirateurs ; secoué, broyé, lâché, ressaisi, posé à plat sur les poings en feu du Fort-des-Forts irrité, qui le faisait tourbillonner là-dessus comme une boule sur son axe, il fut enfin précipité dans la poudre.

— !!!

Inarticulé, ce cri retentit, & presque immédiatement un autre : le premier d'effroi, le second de stupeur. O miracle ! au lieu de choir sur le crâne

& de se rompre, ainsi qu'on avait pu le craindre pour lui, l'aimable facétieux, avant de toucher à terre, avait exécuté un mouvement de chat lancé dans le vide & s'était retrouvé debout sur ses orteils... oui, mais cette fois il n'eut pas le temps d'exécuter une nouvelle frasque. Accroché coup sur coup, & bousculé furieusement, il retomba de tout son poids en plein sur le dos, & sa complice, sa gente auxiliaire, pâtit cruellement. On crut que c'était bien fini dès lors & qu'il s'estimerait vaincu. Point. Tranquille comme Baptiste, il se remit sur ses pieds & déclara par signes, que ses deux omoplates n'ayant pas porté simultanément, le coup ne pouvait être considéré comme décisif...

— Hi, hi, hi !

...Cet aveu, non dépouillé d'artifice, en vérité, retint ou plutôt ramena les rieurs du côté du mime & tout le monde, sans se préoccuper davantage de l'autre, le sombre champion, à qui fut intimé l'ordre de combattre encore, tout le monde reprit en chœur la vieille ariette française dont on avait déjà psalmodié quelques couplets & le refrain :

> « A sa belle il apporte
> Son cœur & du vin vieux,
> Mayeux !
> A sa belle il apporte
> Sa bosse & ses cheveux,
> Grands Dieux !
>
> Et sa belle est fidèle
> Du moins elle le dit,
> Redit ;
> Oui, sa belle est fidèle
> A trente-six maris,
> Marris ;
>
> Riez de la cabosse
> De ce joli bêta ;
> Mais pleurez sur sa bosse,
> Alleluia !
> Voilà..... »

Pendant ce, le « Modèle d'académie » en déroute, n'imaginait aucunement ce qu'on exigeait de lui. Quoi ! l'échine inégale du tortillard renfermait en soi les omoplates & les dérobait au tact comme à la vue,

& l'on voulait cependant que les omoplates laissassent leur empreinte dans le sable ! Une question épineuse & difficile à résoudre, celle-là ! Que faire ?

— Invente !

— Oui, cherche !

— Et vite !

Ayant cru trouver un joint enfin, le carrier condescendit en frémissant au vœu de la foule harcelante. Il tremblait de pied en cap, mais ses forces étaient décuplées par la colère & ses doigts eussent tordu du fer ou pilé du granit; aussi là même, en un clin d'œil, renversait-il de nouveau son adversaire, qu'il traîna, d'abord, tantôt par les pieds, tantôt par la tête, autour de l'arène, & dont ensuite il obligea l'une & l'autre épaule à baigner successivement & très-profondément dans la poussière. Or, était-ce bien compris ? était-ce cela qu'avait réclamé le public ? Et le folichon se tenait-il à présent pour *tombé* ?

— Pas du tout, éternua-t-il en rebondissant comme une pelote élastique, nisco !

— Que si, cette fois !

— Erreur !

— Amen.

— Nenni, nenni !

Puis, narquois encore & toujours jovial en dépit de sa chute, l'ex-pilote étira sa croupe endolorie, & s'adressant à ceux qui le considéraient comme terrassé selon les règles, il s'écria que, tant que ses deux épaules n'auraient pas touché de concert, il ne se jugerait pas battu; la manière de les appliquer ensemble à terre existait : en somme, rien de plus facile ! Il se faisait fort de le démontrer à l'instant même en trois temps aux borgnes comme aux aveugles. Une double salve d'applaudissements accueillit ce langage énigmatique, & le peuple convaincu, requit :

— Un vainqueur !

Indigné des exigences du public & sensible à la fin aux exhortations de la pléiade athlétique, le coryphée s'apprêtait à déserter le stade. Avant que d'en sortir, il voulut montrer toutefois aux aboyeurs forcenés qu'il avait conscience de sa victoire & de son droit. Théatral, les bras croisés sur sa poitrine qui grondait, & fouillant d'un œil enflammé le flot de têtes ondulant au-dessus des galeries ambiantes, il recula très lentement jusqu'aux marches de pierre & là posa l'un de ses talons sur la plus basse. Ah! jamais fauve enchaîné n'avait si magnifiquement rompu ses fers ! Seul, un pompeux statuaire, Michel-Ange ou Phidias ou Rude, eût su le rendre tel : resplendissant de dédain & d'orgueil.

— Est-il beau !

Quoi pensant, la foule qui partout est la même, la foule que parfois dompte bien mieux celui qui la brave que ceux qui se courbent devant elle, la foule, subjuguée, admirait le rebelle & se taisait. Toujours à reculons, il avait gravi le gigantesque escalier. Une détermination immuable illuminait sa face virile. Entreprendre de le sommer ou de le fléchir, à quoi bon? On sentait qu'un ordre ne serait pas plus écouté qu'une prière. En cette minute, il triomphait réellement dans l'arène, il y était roi, il y était Dieu ! Deux pas encore, & cet absolu souverain eût disparu... Mais quoi ? Ses pieds avaient déjà sonné sur la plate-forme, il était sur le point de s'enfoncer sous les frondaisons en surplomb qui la décoraient ; il avait jeté pour adieu un dernier regard agressif à la foule, il s'éclipsait ; soudain, les prunelles fixées sur les extrêmes gradins circulaires, il halta.

— Pst !

Il dressa l'oreille, allongea le cou, puis il redescendit à pas précipités, & craintif comme un chien menacé des verges, la rampe monumentale qu'il avait escaladée avec tant de lenteur & d'arrogance. Une humble expression de servitude avait dépoétisé sa tête hautaine ; l'éclat insoutenable de ses yeux farouches s'était éteint, & son buste héroïque s'était affaissé. Tout son être rampait à présent. A qui donc obéissait-il ainsi ? Personne n'avait soufflé mot dans le cirque immense & personne n'avait bougé. Quelle puissance invincible avait pu le contraindre, le réduire avec la rapidité de l'éclair, & qui donc avait sur lui plus d'autorité que le peuple en masse ? Ah ! qui !... Certes, nul, à cette heure, ne songeait à la suzeraine de qui ce vassal était choyé : nul ne se rappelait en cet instant que, selon un ancien valet de cette princesse, elle venait souvent aux arènes, affublée en truand, & que là, de même qu'ailleurs, elle faisait tourner son amant ainsi qu'un cheval de manége, à hue comme à dia; non, nul ne s'inquiétait de la marquise Aglaé, nul, excepté l'ours de garde, qui seul, ayant perçu le sifflement étouffé de l'impérieuse vipère, se tourna, pâle, les dents serrées, vers le meilleur des hidalgos, & lui dit : « Attention à cette enragée! où donc est-elle, où ? la vois-tu, toi? » Loin, bien loin d'être préoccupés des folies possibles de la Montauriol, le public était tout entier à ce qui bientôt aurait lieu dans la lice, où, reprenant haleine avant de s'étreindre une dernière fois, se postaient, d'un côté, le terrien d'outre-Gironde toujours fort guilleret; de l'autre, le Riverain de la Veyre, hagard, échevelé, piètre comme la mort. Encore une seconde & leurs chairs tuméfiées allaient de nouveau bruire sous les chocs, & peut-être aussi s'ensanglanter. Un lourd malaise avait gagné la foule, qui souhaitait & redoutait en même temps cette suprême lutte. En vérité, fort louche était l'attitude du Grand-Blond & son geste bien équivoque ; on ne lui connaissait pas cet air en dessous & cette mine dantesque. Il avait appuyé la paume de sa main droite sur son front vertigineux, entre les deux sourcils, &, ruisselant de sueur planté comme un terme, il réfléchissait...

— Allons ! murmura-t-il, soit !

Et, dès qu'il eut prononcé ce mot que l'on entendit sourdre de sa bouche, tant le silence était grand, il marcha déridé, résolu, la lèvre supérieure relevée par un sourire cruel, sur le déplorable plaisantin qui se mettait à la parade, & l'attaqua froidement. Ecrasé de fatigue, celui-là n'opposa pas cette fois une très longue résistance. Au deuxième heurt, il trébucha, ballotta comme un ivrogne & chut avec mollesse. Etendu

sur le sol, il tira la langue, cet incorrigible pître, fit une risette à la claque & chiquenauda les narines à son maître ; mais le bénin devenu méchant, le cramponnant alors sous les aisselles & lui comprimant la poitrine à deux genoux, l'ébranla de la base à la cime. Ayant encore le courage de batifoler, il grimaçait à l'instar d'un jocko, le pauvre sire !... Un regard atroce & triomphant du barbare, acharné sur lui, l'émut tout à coup & l'effraya.

— Las ! las ! Mayeux !

— Aïou.

Ce que couvait le Tombeau-des-Lutteurs, son noir dessein, son but affreux on commençait, dans le cirque, à le comprendre ; on ne le comprenait que trop...

— Assez ! cria-t-on impérativement & douloureusement ; assez ! grâce !

Inexorable, sourd à tous les cris, hérissé, le lion secoua sa crinière tragique ; on l'avait voulu, tant pis ! ce devait être ! & ce serait ! Il fallait de deux choses l'une, ou que la bosse du magot entrât tout entière dans le corps dont elle faisait partie, ou bien, ma foi ! qu'elle s'engloutît peu à peu dans le sable : à force de chercher, le simple des simples avait fini par trouver la *manière*.

— Oh ! non, pas ça !

— Si, je le veux, si, si !

Tous les yeux scrutèrent les frises d'où cette voix claire, féminine, étrange, despotique, implacable, était descendue !... & l'on crut voir dans la pénombre, car le ciel s'était assombri naguère, un index se tendre vers la lice.

— Oui, répliqua d'un signe de tête le docile mais effrayant esclave ; tout de suite !

Et, sans désemparer, il agit au gré de sa féroce reine. Hélas ! Antricon-Balastor avait cessé de rire. Il geignait, il pantelait, il râlait. Tout à coup, on le vit se tordre, se dilater, blêmir, pleurer. A vue d'œil, il semblait diminuer de volume, & ses épaules difformes s'étalèrent bientôt au niveau du sol. Allongé sur la croupe, aplati de la sorte, il paraissait aussi droit

qu'un I. Sa bosse avait cavé le sable, &, profondément enterrées, les deux omoplates inaccessibles qu'elle blindait touchaient maintenant; enfin le problème était résolu.

Poudreux, Ompdrailles se releva.

Ramassant le vaincu sans connaissance & dont l'échine, équarrie & scarifiée, saignait à flots, il montra du doigt, moins à la foule frémissante qu'à l'invisible Scorpione un trou frais creusé dans la lice, une alvéole ovoïde, assez profonde, laquelle, tout imbibée déjà d'une pourpre fumante, gardait l'empreinte exacte des reins en zigzag du Terrible Bossu de Saint-Jean-d'Angély !

Le peuple, pensif & violemment angoissé, sortit en silence des arènes...

Seul, parmi la masse morne des faubouriens, un bourgeois, sans conteste le plus sagace & peut-être le plus lettré des puffistes se frottait les mains en se félicitant in petto : « Ça va, ça va fort bien ! notre escarcelle gonfle & son enflure croîtra, j'en mets la dextre au feu ; j'en jure Mars & Bellone !... Avides d'émotions autant que les péninsulaires ibériens, si dévots aux immémoriales tauromachies, & non moins que tous les Gallo-Romains épris aujourd'hui, comme leurs pères jadis, d'athlètes & de belluaires, MM. les Maudurques, ces charmants, ces suaves, ces délicieux jocrisses ! alléchés, par une lutte insolite, sauvage, qui ne peut manquer d'être suivie à bref délai d'une série d'autres plus dramatiques encore, & pensant, d'ailleurs, avec raison que, puisque la Semaine Sainte est enfin venue avec l'avril, les sept jours fériés ne seront pas de trop pour arroser dignement l'agneau pascal & pour toaster à gogo l'Alcide Roman, autrement taillé que feu l'antique porte-massue grec au dire d'un savant helléniste de la localité qui m'est tout acquis, se rueront chez moi, dès demain, heureux, trop heureux d'y pénétrer, en payant trois fois plus que de coutume, car, ou je serais un niais ! le prix des places, attendez-vous-y, mes enfants, sera triplé !... Cristi, ce n'est pas le moment de s'endormir ; agissons. » Si tôt dit, si tôt fait! Et vingt-quatre heures après, de nouvelles affiches, encore plus écarlates que les précédentes, si coloriées pourtant, vêtirent toutes les murailles foraines &, derechef, le fameux char, empli de buccins, roula sur le pavé. Proclamations sur proclamations, toutes plus ronflantes les unes que les autres, & la dernière finissait de la sorte :

«... *Habitants de cette bonne ville & féale cité, les colons d'alentour affluent dans vos murs, & nos bureaux sont assaillis ; hâtez-vous ! prenez d'avance des billets d'entrée, ou force nous sera, bien à regret, croyez-le, de vous en refuser ce soir à l'ouverture des portes !* »

Or, c'était vrai, cela, très vrai. La gloire du « moderne Samson » avait rayonné jusqu'au fond des campagnes aquitaines, tolosanes, arvernes, & les naturels de ces contrées, aussi grands amateurs de tournois que les citadins, & voulant profiter des loisirs que

leur procurait la Religion, avaient ôté de l'armoire
héréditaire leurs plus belles jaquettes de toile ou de
drap & filaient, endimanchés, sur les routes nationales
ou départementales au galop de la Grise & de la
Noire, attelées au chariot peint à neuf. Ah! quelle
presse & quel soulas! Sans cesse depuis la veille on
remerciait du monde, piétons ou cavaliers, à l'hôtel
du Cheval-Blanc, cours du Roy; la spacieuse hôtellerie
de La Tour-d'Auvergne était pleine comme un œuf;
impossible de se loger aux Rostres; Saint-Cyrille &
Sainte-Adrienne regorgeaient d'étrangers; on s'entas-
sait dans les auberges, aux bords de la Zyænne; & le
long des mamelons extérieurs, à l'entour des remparts,
ainsi que sur les vieilles voies militaires, & près des anciens camps retranchés de Iulius Cæsar on construisait
des baraquements & l'on dressait des tentes, afin d'a-
briter au mieux bêtes & chrétiens, vaguant au grand
air. Rien de plus animé qu'un tel tableau, si ce n'est cet
autre : au seuil des cabarets *intrà muros,* & notamment
au boulevard de Vercingétorix & sur la place du Capi-

tole, s'allongeaient de vastes tables, occupées jour &
nuit, au-dessus desquelles fumaient de l'aube à la
brune des moutons entiers rôtis en leur jus ou des
omelettes aussi blondes que l'or. Rouge, brun ou
clairet, le vin des pierrailles régionales écumait dans
les verres, & parmi toute cette population rurale
buvant à tire-larigot il n'était question que du Sans-
Pareil, le gaillard aux membres d'acier, un paysan
aussi, lui! car de semblables plantes ne poussent qu'au
milieu des champs fécondés par les eaux fraîches des
rivières & par les purs rayons du soleil! Il chassait de
race, ce pacant! aussi dur que le silex du sol natal,
& dont le père, on s'en souvenait, peste! avait été
jadis un laboureur, qui, réduisant à tous ses caprices
sa charrue & ses bœufs, éventrait les mottes de terre
avec plus de facilité que la baratteuse n'éventre celles
de beurre. En définitive, un chêne ne donne que des
glands, & si le gland, à son tour, devient chêne, cela,
pardi! se conçoit tellement bien..., que le contraire ne
se concevrait pas du tout! Oui, male-diable! oui,

tous en chœur, pâtres, bouviers, bûcherons, carriers, mineurs & foulons, on irait admirer le beau produit des moraines d'Aujols, & si, par cas, ce qu'ils avaient ouï dire en diverses circonstances était vrai, la sorcière aurait affaire à eux, & gare le flic-flac! Que cette malandrine *extrême-onctiât* à sa fantaisie les gens de qualité, d'accord! oui; mais qu'elle se permît de mettre *à quia* le plus bel enfant des cimes maternelles, halte-là! Ça non, non, mille fois! non, &, ma foi, l'on verrait!...

On vit.

Huit jours durant, celui que les sylvains de la Grésigne appelaient familièrement Alba Ier, en sous-entendant par là que leur fameux compatriote était non seulement aussi tenace que l'arbre dont il portait le nom latin, mais encore le plus vigoureux des saules, fut le point de mire des urbains ainsi que des ruraux empilés pêle-mêle sur les gradins & férus à qui mieux mieux de lui. Selon les assurances formelles des crieurs de l'administration, & d'après l'ordre du programme en tous lieux placardé, l'Etoile des arènes maudurques & le Doyen des athlètes français auraient dû d'abord se mesurer de nouveau. Ni l'un ni l'autre ne rechignant au travail, la chose reçut, en effet, un commencement d'exécution ; mais, dès la seconde passe, Arribial, œil mouillé, geste attendri, face paterne & babines pleurardes, ayant juré Dieu « qu'il n'y avait pas moyen de se tirer le poil, même pour rire, entre père & fils, sans que la chair se révoltât tout entière, » on admit cette impossibilité majeure, & l'Ours-du-Nord aussitôt se retira, laissant au Loyal-Espagnol l'honneur grand de le remplacer dans la lice en face du « Petit », & le rare plaisir de régaler les gens « d'une lutte théorique ». A merveille les deux amis s'acquittèrent du rôle qui leur était dévolu : feintes savantes, attaques sourdes & ripostes imprévues ne furent plus, dès lors, grâce à eux, un secret pour personne, & l'on goûta fort leur démonstration manuelle expliquée à voix haute par les connaisseurs : Arpin avait inventé ce coup de hanche & Marseille aîné ce tour de bras ; on était redevable de cette conversion de croupe à Rivoire, & le jeune Faouët possédait seul avec Richoux & maître Ignace, le mal baptisé, ce foudroyant « aceinturage par devant » auquel nul, jusque-là, n'avait résisté, sauf les deux capables en présence à ce moment. Triple Dieu ! les crânes bougres ! Entrelacés, ils se renversaient avec non moins de fougue que de dextérité, se plaçaient réciproquement les mains sur les omoplates afin de conjurer l'effet de leurs coups & de rendre vaine toute chute; ensuite ils prenaient des temps, faisaient « le pont », c'est-à-dire s'appuyaient de la nuque & des talons contre le sol & garaient ainsi leurs échines de tout contact avec le sable, etc., etc. Bref, par une embrassade générale se termina cette troisième journée, qui fut suivie de quatre autres plus chaudes & plus tumultueuses, pendant lesquelles, aux acclamations formidables du peuple réuni dans le Colisée, « l'Unique », après avoir accompli les prodigieux tours de force annoncés si souvent, estropia quelque peu Josby la

Meule-des-Durs-à-Cuire, Arlantol & Barba, qui l'avaient chargé de concert, étourdit totalement Pascalou l'Ornement-des-Cochers, sans doute pour le punir d'avoir la langue si longue, assomma le nègre Yul, trop oublieux de la première leçon, abolit ou déconfit tous ses rivaux, escamota l'ours du pyrénéen Audouy, lequel, ayant osé prendre fait & cause pour sa bête, fut lui-même couché trois fois de suite, en dépit de mille imprécations, &, finalement, courut au taureau de la Camargue, qui, saisi d'une panique folle & quoique excité par des dogues, ne se décidait point à heurter ; il s'y mit à la fin, cette brute, &, bon Dieu ! le combat devint alors si chaud & si périlleux que le vieil imperturbable de Beaucaire, épouvanté, croyant son moutard perdu, fermait les yeux afin de ne pas le voir périr là, quand celui-ci, la poitrine éraflée d'un furieux coup de corne & le front criblé de bleus, abattit enfin l'animal écumant & beuglant, qui fut saigné sur place, à la grande joie des paysans d'alentour, que le sang enivrait & qui, dans leur délire, célébrèrent leur frère triomphant par cet hymne dix fois séculaire :

« *Bouïès, nostris mainajes*
Toucheurs de bœufs, nos enfants
Sou drus coumo de casses;
Sont puissants comme des chênes ;
Rè nou pot lous plega,
Rien ne peut les courber,
Ni troun ni bèn d'aoutà !
Ni le tonnerre ni le vent !... »

Et, comme la rhapsodie occitanienne s'achevait aux applaudissements frénétiques des citadins impatients, eux, de bramer les stances épiques qu'ils avaient déjà fait entendre au Carrier, lors de son retour des Pierrières, un royal bouquet de camellias rouges & de roses blanches tomba lourd des combles au milieu du champ.

— *Por Dios !* s'écria Blas en serrant les poings, ça viendrait-il aussi de cette sale infante ?

A quoi Martin, anxieux, riposta :

— La punaise ! oui, c'est ça, diantre ! & je tremble qu'elle ne lui vide les moelles...

— Heureusement elle ne l'a point trop épuisé, si tant est qu'elle l'ait repris, &, demain soir encore, il vaincra !

— Peut-être !

— En douterais-tu ?

— J'en doute.

— Eh ! pourquoi ?

— Parce que !...

Onze travaux sur douze avaient été bel & bien accomplis, & si l'issue de ce dernier inspirait quelque inquiétude au vieux héros, c'est que, pour parachever celui-là, le plus laborieux de tous incontestablement, Hercule aurait besoin de toutes ses fibres. On l'attendait à cette épreuve suprême. Y succomber !... Il ne le pouvait point, à moins d'y perdre aussitôt tout son prestige & toute son autorité. De plus, il y allait pour lui non seulement du crédit, mais aussi de la peau, car le Bourreau-des-Faubourgs, au su de tout le monde, était sans merci.

— Pour sûr ! affirmait-on; notre aventureux ami,

l'hôte des forêts d'amont, aura des câbles à retordre avec cette affreuse canaille réputée telle, & gare les trahisons...

Ah! certes, si jamais vaurien fut très justement mal famé dans les cités & dans les arènes du Midi, c'était bien en effet celui-là, de qui le nom, inopinément prononcé, troublait les plus déterminés pugiles. Seuls parmi tous, l'ancien charpentier de Castelnau-de-Berbéjac-en-Gascogne & l'ex-muletier des sierras castillanes osaient dire tout haut de lui ce que leurs camarades en disaient tout bas, & ne se gênaient pas pour lui décocher en plein visage *coram populo* le titre d'assassin! N'avait-il point, en effet, cet égorgeur, aux Bravades Annuelles d'Iquolt, tué déloyalement d'une contusion au bas-ventre Angel le Franc-Cévénol, & plus tard, dans une taverne, à Lille en Flandre, n'avait-il pas aussi, d'un coup de bouteille asséné par derrière, ouvert le crâne au pauvre Marius Tremble-Terre, alors en tournée dans le Nord? A Marseille, à Nîmes, à Cette, à Montpellier, à Toulouse, à Béziers, à Carcassonne, à Montauban, à Cahors, à Rodez, à Narbonne, à Agen, à Bordeaux, en Provence comme en Languedoc & dans la Guienne, en quelque lieu qu'il passât, toujours précédé, toujours suivi de son odieuse & sanglante famosité, ce batteur d'estrade trop connu, qui, par plus d'un meurtre hypocrite & difficilement punissable à cause de cela, s'était signalé dans la plupart des villes métropolitaines en lesquelles il avait résidé, ce porteur de coups mortels répandait à ce point la terreur que chacun, même les plus avérés casse-cou, s'empressaient en toute circonstance de mettre les pouces devant lui. La palme! on ne la lui disputait qu'à demi dans les lices où la foule, au besoin, protège, & nullement aux guinguettes n chez les filles où qui veut avoir raison dégaîne & joue du couteau. Mater en public ce renard doublé de tigre, un *ours* seul l'avait essayé plusieurs fois sans y parvenir, & pas un lion n'avait encore eu la hardiesse de s'en charger ; aussi, rien, dans les troupes ambulantes ou sédentaires dont il était l'épouvantail, n'avait lieu sans son assentiment,

& de là son surnom officiel : le Faiseur-de-Lois ! Une récente scélératesse commise à Lectoure, & dont, avec deux anciens zéphyrs, il fut très vivement soupçonné, la noyade nocturne d'une ballerine fort banale, il est vrai, mais assez goûtée des populations gasconnes, accrut tellement la répugnance & la peur inspirées par lui, que depuis lors il n'avait pu figurer dans aucun cirque, tous les athlètes, avant de s'engager, posant comme condition expresse qu'ils n'auraient jamais à le combattre. Or, à la nouvelle de son arrivée à Mauhors, émotion bien naturelle des gagistes du Colisée, qui ne tardèrent pas à demander une explication à qui de droit ! Il leur fut répondu que « la frapouille si redoutée d'eux avait été spécialement embauchée pour rogner les ongles au godiche qui, se targuant à tout propos & même hors de propos de ses bonheurs, s'intitulait le premier moutardier du Pape, etc.... » Chose étrange ! Au lieu d'indisposer les butors contre celui qui si longtemps avait été leur bête noire, cette réplique produisit, au contraire, un revirement subit en sa faveur :

« Il était, du moins, sociable, lui, très loyal, exempt de toute bassesse ; aussi se banderait-on contre quiconque userait de perfidie envers ce bien intentionné, seul capable après tout de purger la terre d'un chenapan pourri de vices ! » Et, tout en marmottant ainsi, les timorés, entre autres Igex, Le Bœuf, Pharnacope, Hildebert, Tôl le Balafré, Coup-de-Vent, Yul lui-même, oubliant leurs défaites & leurs affronts, s'étaient serrés autour « du chef de file » enfin par eux reconnu pour tel & l'avaient supplié de les délivrer « d'un monstre perfide, » leur ennemi commun ; à quoi l'autre, assez étonné, mais toujours maniable en dépit de sa secrète amertume, & qui ne leur en voulait aucunement des mauvaises niches qu'autrefois ils avaient en vain tâché de lui faire, à lui, si cordial & si doux en ce temps-là, répliqua simplement : « Amis, soyez tranquilles ; s'il mord, il sera mordu ; déchiré, s'il me déchire ; &, s'il m'éborgne, aveuglé ; comptez sur moi ! » Raffermis par ce langage & se sentant désormais inaccessibles sous l'aile d'un tel tuteur, tous ces forts en gueule, à qui leur grosse venette avait « coupé la chique », rouvrirent vite leur bec, & la foule, à moins d'être sourde, en entendit de belles sur le compte du Terroriseur qu'on ne craignait plus : « il avait perpétré des vols, des viols, des guet-apens, allumé des incendies, recélé des larcins, empoisonné des fontaines, ravi des enfants, rançonné des femmes publiques, &, pour ces attentats peu prouvés, vu son infernale rouerie, mais indubitables, attendu ses antécédents fâcheux, il était passé dix fois au moins devant les assises d'autant de départements & n'avait pas été toujours acquitté par le jury ; de son vrai nom, ce repris de justice s'appelait, non pas Nabuchodonosor, sobriquet à lui donné, l'on ne savait trop pourquoi, par les saulniers de la Lorraine allemande avec lesquels il avait *saliné*, mais bien Louis Véru ; quant au chiffre III dont le prince s'ornait, eh ! pardieu ! ce numéro s'était étalé quelque temps sur sa casaque lie de vin & sur son bonnet vert au bagne de Toulon ! En quel endroit était née Sa Majesté ? d'après les uns, en Corse ; selon d'autres, en Néerlande ; & suivant plusieurs différemment informés, sur les bords de la Seine, d'une insatiable paillarde mariée à certain nicaise & d'un quartier-maître wallon ou flamand, dont le baptistère n'était point inconnu. » Quoi qu'il en fût de tant de versions, ce bâtard adultérin avait été, rien de plus notoire, mouchard à Londres, équarrisseur à Monfaucon & souteneur à Paris, où, gratifié par les rôdeurs de nuit, à cause de ses noirceurs en mainte tuerie, du titre dont on le désigna plus particulièrement dès lors, il s'était distingué à ce point que, si Leurs Excellences feu Louis Mandrin & feu Louis-Dominique Bourguignon, dit Cartouche, rompus vifs tous les deux sur la roue infamante, le premier en Grève, dans la capitale, vers la fin de la Régence, le second à Valence, en Dauphiné, pendant le haïssable règne de Madame de Pompadour & durant le servage amoureux de leur homonyme Louis XV, avaient encore été de ce monde en l'an de grâce en question, ils se fussent peut-être l'un & l'autre, ces grands larrons, montrés jaloux des états de service de leur trop digne petit-neveu. Bref, nul forçat aux galères n'était pire que ce chourineur redevenu libre; aussi, quelques minutes avant qu'il entrât en lice, sa biographie circulant de bouche en bouche sur les degrés du vieux cirque romain où les successeurs immédiats du chauve conquérant des Gaules avaient trôné si souvent, arracha-t-elle aux débonnaires Maudurques, vivant alors sous la dynastie impériale des Décembriseurs, cette réflexion insuffisamment consolante :

— Il y a cent à parier contre un que ce gibier de potence, à moins que la peine de mort ne soit abolie, escaladera tôt ou tard la guillotine... En attendant qu'il y monte, ouvrons bien l'œil ici, tout à l'heure, quand ça luttera !

Des frises aux soubassements, la foule énorme, entassée au pourtour du colisée, qui vraiment avait été pris d'assaut ce jour-là, se transmettait encore la recommandation que les trois coups réglementaires, frappés sur un gong, retentirent, & que le premier régisseur de la troupe, aussi bichonné que de coutume & plus élégamment ganté, se présenta, tenant entre ses mains un vase métallique bourré de numéraire...

— Hé ! qu'es aco ?

— Des piastres !

— Espagnoles ou turques ?

— Italiennes.

— En or ?...

— Rouge & poinçonné.

— Tè, tè ! nous supposions nous autres, la piastre monnaie d'argent & non pas d'or comme la pistole & l'écu sol...

— Hé, là-bas, sénateurs & pupilles, si vous vous claviez un brin, nous ouïrions l'intendant de cette maison.

On se *clava*...

« Messieurs & citoyens, glapit solennellement le factotum, après avoir déposé son précieux fardeau contre les balustres, à l'intérieur du stade ; on vous l'a dit, & rien de plus vrai : l'administration est esclave de sa parole ; il y a dans cette conque dix mille francs ! Si le personnage qui va paraître pour la première & dernière fois devant vous, si cet être inqualifiable, qui n'a pas voulu descendre sur le sable avant que les espèces y fussent transférées, si ce délicat triomphe, ils sont à lui. »

Cette communication importante était à peine faite au public, que, furtif comme un filou, sans avoir été nullement annoncé selon l'usage en vigueur, ni par le tambour, ni par le fifre, ni par le clairon, ni par la viole, ni par la trompe, apparut, au bord des margelles de marbre, l'individu ! Sur le point d'entrer en lice, il feignit de rajuster son caleçon noir semé de mouches blanches, & s'arrêta devant l'urne qui contenait l'enjeu...

— Judas !

Si ce cri ne jaillit pas de toutes les poitrines, ce fut du moins la pensée qui germa dans tous les cerveaux, à l'aspect de cette figure hétéroclite dont le caractère était bien celui que devait avoir le sacripant entre deux âges, à raison chargé de tant de crimes par la voix publique. En tant que charpente, rien de fort remarquable ! Un cou mal attaché, des bras très veineux, les mains larges & molles aux doigts spatulés, des muscles sans grand relief, l'abdomen assez proéminent, le teint olivâtre, la peau squameuse, puis, curieuse particularité, des jambes excessivement courtes, un peu torses, & le buste démesuré ; si, comme on le disait, il était vrai qu'il fût excellent écuyer, cela pouvait lui donner bon air à cheval. Assez pauvre apparence, en résumé, mais quelle physionomie! Hagard, dévasté, spongieux, torve, funèbre avec sa face livide & crapuleuse, ses épaisses moustaches s'allongeant en pointe & fortement cirées, son impériale de gendarme étalée ou plutôt collée sur un soupçon de menton, ses cheveux d'un gris rougeâtre enroulés en accroche-cœur, ses narines larges & charnues, sa bouche sinueuse distillant de la bave, ses yeux bleuâtres ensevelis sous de flasques paupières & vitreux ainsi que ceux d'un agonisant, il était vraiment sinistre, &, comme il participait à la fois du jésuite, du sergent de ville & de l'alphonse vieilli des barrières, on s'effrayait en reconnaissant chez lui quelque chose de ces trois types fondus en un seul : l'escarpe accompli. Tel quel, ignoble autant que possible & lugubre à l'excès, ce souillon à nul autre pareil, avait entre ses lèvres flétries, au lieu du bout de paille qu'y fourrent volontiers les praticiens au moment de se tailler des croupières, un bouton de rose dont il mâchonnait la queue, en ricanant.

— Eh! mais, c'est Poléon lui-même, ça; c'est Badinguet!...

— Ta ra, fit la trompette annonçant l'approche du « Vengeur », ta ra ta ta !

Le funeste drôle, oyant cette éclatante fanfare, s'ancra sur place, assez ébahi, plaqua ses coudes rogneux contre ses horribles flancs, &, sans regarder ni la foule consternée de lui voir une « touche » si sordide & si patibulaire, ni les athlètes épars, eu harnais de bataille, sur les marches de pierre, hideux & rasé comme un félin à l'affût, il se tapit honteusement derrière son ombre obscure & resta là, tout enténébré, tandis que l'autre, glorieux, pointait en haut comme un soleil...

— Ah! Lui! souffla le populaire en exhalant un soupir de soulagement, à la bonne heure, on se réchauffe!

Et tous les yeux se portèrent avec un plaisir marqué sur la noble stature du « Justicier », qui, d'un pas lent, dévalait, en pleine lumière... Oh! la joie publique fut de courte durée. Efflanqué comme un coureur qui vient de fournir une trop longue traite, Albe, la veille encore si frais & si vermeil, avait le visage plus blême que les effigies de cire exposées dans les musées ambulants, & sa chair, ramollie, était marbrée çà & là de ces mêmes taches violacées, semblables à des érosions produites par des morsures, qu'on avait remarquées en elle le jour où, presque mourant, il s'était évanoui sous les lâches étreintes du Monégasque. Est-ce que, par hasard, « les gardes du corps » auraient déserté leur poste & livré passage à la louve ? Où donc étaient-ils, tous deux, ces stupides, ces aveugles bergers, où?.. Graves & tristes, ils se dissimulaient au milieu de la troupe athlétique assemblée autour des monstrueuses chimères qui bordent, une de chaque côté, l'orée de la lice. « Hé ! vous autres ? » Un seul coup d'œil d'eux renseigna complètement le public. C'était clair, net, avoué : leur ouaille, leur mouton avait été repincé par son ogresse, &, grâce aux routines de cette damnée, qui pouvait se vanter d'avoir bien choisi l'heure, il perdrait la partie engagée, on aurait la douleur de le voir rouler sous l'abhorré forban. Eh bien, non pas! on préférait vider les Arènes illico que d'assister à la défaite irréparable du « bon zig », & déjà l'on fuyait de toutes parts en masse, lorque lui, ce sacré benêt, qui, par exemple, n'avait pas volé ce qui l'attendait, tendit selon l'us, avant l'attaque, sa main au coquin fieffé, lequel la dédaigna...

— Tu refuses ?

— Oui.

— Vraiment ?

— *Ia*.

Le généreux guerroyeur bondit sur place. Une telle offense à lui, lui toujours si droit & si poli ! Corps de Dieu ! le sang coulerait comme de l'eau. Vite, du champ ; en garde, & le combat !

— Y es-tu, Louis Véru ?...

Nabuchodonosor III, s'entendant appeler par son vrai nom, bien plus connu des chiourmes que des lutteurs, rauqua si significativement, que bon nombre de braves gens, sur l'amphithéâtre, en eurent la chair de poule.

— On y va, riposta-t-il d'une voix grasse, en s'oignant de sable ; attends un peu.

— Trop attendu !...

Bien rugi ! Le Lion avait encore de la moelle dans les os & du sang dans les veines. Elle n'avait pas tout sucé, la Scorpione, & l'on pourrait se gaudir une dernière fois ! aussi tous ceux qui s'étaient levés se rassirent, &

personne ne parlait plus à présent de quitter les gradins...

— Hé! bibi, ton maître est là !

Le vil gredin, ayant enfin terminé sa toilette, haussa la hure & gloussa :

— Qu'il vienne !

Ompdrailles s'élançait.

— Tout beau, fils, halte-là! grogna l'Ours-du-Nord en désignant un héraut qui dépliait une grande pancarte; on va lire le règlement.

Il s'agissait d'une prime exceptionnelle, &, cela va de soi, l'administration n'éprouvant aucune envie de perdre tant de pécune, une somme presque aussi considérable que la recette du jour ! avait jugé, dans sa haute sagesse, qu'en pareille occurrence, & surtout avec un brouillon tel que le phénomène en spectacle, il importait de rafraîchir la mémoire à tout un chacun.

— Attention, messieurs, s'il vous plaît, clama le régisseur, voici le texte de la loi :

RÈGLES DE LA LUTTE

Etablies sous le règne d'Iphitos, en Elide,
le II du mois d'Hécatombéon
de la Ire Olympiade,
par les Huit Juges des Nouveaux Jeux Olympiques,
&
définitivement amendées,
selon les exigences & le goût modernes,
par les Trois Cent Cinquante délégués
des Académies de Lyon, de Marseille,
d'Arles, de Bordeaux, de Toulouse,
de Nîmes & de Mauhors,
en la grand'salle de l'Hôtel de Ville d'Aix en Provence
le vingt du mois de mai de l'année 1848
de l'Ère Chrétienne : Ier prairial, an LVI
de la République Française.

ARTICLE PREMIER.

§ 1er. Un simple demi-tour après la poignée de main traditionnelle, le combat peut s'engager immédiatement.

§ 2. Tenus sont les adversaires de ne s'aborder qu'à mains plates.

ART. II.

Il est expressément défendu de s'appréhender au-dessous de la ceinture.

ART. III

Egalement interdit aux athlètes de se donner des coups de tête, de poings ou de coudes, & de chercher à se contraindre en dehors des moyens licites ci-dessous spécifiés.

ART. IV.

§ 1er. On a la faculté d'user du collier de force.

§ 2. Après dix minutes de lutte, il est loisible de prendre un temps de repos.

§ 3. S'il n'est pas toléré de passer la jambe, l'un ou l'autre des lutteurs, toutefois, a le droit, même étant debout, de placer ses jambes entre ou contre celles de son adversaire, en dehors ou en dedans, sans qu'on y puisse voir de fraude.

ART. V.

Aussitôt que tout combattant est enlevé, dès que ses pieds ont quitté le sable, *sine qua non*, on admet qu'il accroche ses jambes à celles de son antagoniste.

ART. VI.

Une fois par terre, les athlètes sont libres d'entrelacer leurs jambes comme bon leur semble.

ART. VII.

§ 1er. En aucun cas, soit dans la lutte debout, soit dans la lutte à terre, il n'est permis de saisir l'adversaire aux jambes, ni de l'empoigner par sa ceinture ou par son caleçon.

§ 2. Un temps d'arrêt est accordé sur-le-champ pour voiler leur nudité aux lutteurs dont la ceinture s'est défaite ou dont le caleçon s'est déchiré.

ART. VIII.

Si l'un des deux adversaires « fait le pont », c'est-à-dire s'il ne s'appuie à terre que de la nuque & des talons, rien n'empêche le second de se coucher ou de se mettre à cheval sur le premier afin de le réduire complètement.

ART. IX.

On n'exigera point d'un lutteur qu'il opère plutôt debout qu'à terre, ni de lâcher prise.

ART. X.

Toute lutte est terminée dès que les épaules de l'un des deux athlètes en présence ont simultanément touché, ne fût-ce que pendant une seconde.

ART. XI.

§ 1ᵉʳ. On appelle *couvs roulés*, ceux durant lesquels l'un des antagonistes tombé passe si rapidement d'une épaule à l'autre, que l'on ne saurait établir si les deux omoplates ont frappé le sol en même temps; &, dans ce cas, le coup étant douteux, la lutte doit être continuée.

§ 2. Un coup est nul si les adversaires tombent en même temps sur les deux épaules.

§ 3. Annulés sont aussi tous les coups obtenus par des moyens non conformes aux règles ci-dessus relatées.

ART. XII.

§ 1ᵉʳ. Quand un athlète abandonne la lice, il est considéré comme vaincu.

§ 2. Dans ce cas, le prix, couronne, bouquet, écharpe, glaive, coupe, caleçon ou ceinture d'honneur, insignes quelconques de victoire ou lot d'argent, appartient de droit au champion qui n'a pas déserté l'arène.

ART. XIII ET DERNIER.

A la première réquisition du public, tout lutteur dont la chute semble contestable, est obligé de laisser examiner par tous ses épaules imprégnées de sable, & doit se retirer tout de suite après de la carrière, s'il est jugé vaincu.

Certifié conforme à la minute de la charte sacramentelle du Lucatorial :

Le Directeur des Arènes Maudurques.

INNOCENT TRUQUETTIL.

ancien avocat du Roy, chevalier de Saint-Grégoire-le-Grand & du Médjidié.

Cette lecture, écoutée dans le plus grand recueillement par tous les spectateurs, s'acheva sans aucune observation de leur part; aussi le lecteur, s'adressant aux célèbres champions, qui se dévoraient des yeux, put-il accomplir aussitôt sa tâche, selon les formalités prescrites :

— Il est bien entendu que votre lutte sera courtoise & bénigne, athlètes ?

— Oui.

— Jurez-le devant Dieu.

Le Tombeau-des-Lutteurs leva sa droite & le Bourreau-des-Faubourgs sa gauche.

— Or donc, conclut le régisseur en quittant l'arène, chacun pour soi & Dieu pour tous ! allez, hommes ; faites votre devoir...

Et, du haut des gradins circulaires geignant sous son poids, la foule entière :

— Advienne que pourra !

Seuls, face à face, les deux illustrissimes se fendirent l'un sur l'autre, en même temps, se tournèrent le dos, coururent & se rencontrèrent au milieu de la lice, après avoir décrit un arc de cercle, chacun d'eux en sens inverse.

— A toi l'honneur!

— On te le cède!

Ils s'embrassèrent comme pour s'étouffer, & leur embrassement, dénoué, se renoua, s'interrompit & se reforma pour se briser & se produire cent fois encore. On l'enseigne, en statique, en le démontrant : égales, deux forces se neutralisent, & rien n'indique qu'elles s'exercent jusqu'à ce que l'une l'emporte sur l'autre en l'abolissant. Tels ces deux lutteurs à peu près pairs! On les regardait en silence, & bien qu'ils s'efforçassent, on se demandait, tant il y paraissait peu, si leur immobilité n'était pas de l'inaction & leur sourde persévérance une absence d'ardeur. A leurs haleines brèves, ainsi qu'à leurs peaux transsudantes, on s'aperçut enfin de la méprise où l'on errait, &, dès lors, on se passionna pour cet âpre, mais froid duel, qui, vraisemblablement, ruinerait à tout jamais la réputation, sinon la vie des deux duellistes. Soudain, & de concert, ils laissèrent tomber leurs bras au long de leurs cuisses, & s'interrogèrent jusque dans l'âme & jusque dans l'idée. Aucun d'eux n'avait reculé d'une semelle, & leurs orteils s'étaient, pour ainsi dire, implantés là même où l'un & l'autre avaient pris position au début du combat. Très étonnés tous les deux, ils semblaient s'accuser réciproquement d'un faux calcul, & ne point trop savoir à quoi s'en tenir sur leur solidité respective...

— Observe-toi, rousseau !

L'interpellé fit claquer ses doigts comme pour exprimer ceci : « Je m'en fiche un peu de la prudence ! » Et, s'étant rué sur son astucieux rival, qui feignait, avec quel art ! de vouloir attendre tout heurt de pied ferme, il faillit se fracasser contre les cornes des balustres de bronze.

— A ce chassé-croisé-là, remarqua-t-on sur les banquettes, il y aura mort d'homme ici !

Celui qui venait de l'échapper si belle entendit le

propos & se précipita de nouveau; les matamores de la troupe étaient atterrés : « Adieu leur quiétude ! adieu leur repos ! s'il arrivait malheur à leur garant & fondé de pouvoir, adieu tout ! il leur incomberait alors d'en découdre avec Messire La Sourdine, & ce n'est pas lui qui serait décousu ! » mais le protecteur, d'un seul coup d'œil, les rassura : « puisqu'on l'exigeait, il serait sage; on pouvait, comme toujours, s'en rapporter à sa parole. » En effet, au lieu de se jeter en avant, à corps abandonné, comme il l'avait fait deux fois de suite sans autre résultat que de compromettre la partie, il se remit à tâter le fourbe d'en face, & quand il l'eut assez pressenti, difficile & prudente recommença la manœuvre à laquelle on était astreint de recourir avec un pareil artisan, qui, se rappelant son ancien métier d'écorcheur de chevaux, procédait anatomiquement ; c'est-à-dire que ses mains, habituées à palper des corps de bêtes mortes, savaient, par analogie, où s'appesantir pour gêner en un être humain le jeu de tel ou tel organe : ici le diaphragme, là l'épigastre; ici la pomme d'Adam, là le thorax; à merveille ! bon ! Et, d'une simple pression des doigts sur quelque partie sensible, l'ex-valet d'abattoir ôtait tout ressort ou coupait la respiration à son loyal concurrent, en sorte que celui-ci, désorienté par cette série de touches scientifiques, se redonna bientôt à tous les diables...

— As-tu perdu la carte, fils ?

Si « Plein de Chic » ne l'avait pas encore perdue, il était en train de la perdre, & vraiment il y avait de quoi; car tantôt « Triste-Gueule » lui cassait les côtes rien qu'en les effleurant, & tantôt il lui tordait délicatement l'un ou l'autre bras, de manière que contrarier ou faciliter la torsion n'était pas faisable, à moins de se désarticuler le membre ou de s'estropier. Où donc apprenait-on à travailler ainsi ? Cette méthode inconcevable agaçait encore plus le sévère athlète que celle pourtant assez peu classique & fort irritante du Terrible Bossu de Saint-Jean-d'Angely : Lui, du moins, Antricon-Balastor, chargeait à fond, &, contre semblable Polichinelle, on avait un assaut à soutenir, après tout ; tandis que ce galérien blafard, aux yeux de somnambule, cette espèce de tatillon, assommant avec ses chiquenaudes interminables, lesquelles, en ayant seulement l'air de caresser l'épiderme, engourdissaient les os, ankylosaient les jointures, se serait bien gardé de pousser quelques brillantes bottes, à ses risques & périls.

— Sabre donc ça, colonel !

L'Ours-du-Nord, qui s'apprêtait à protester contre ces clameurs intempestives, si souvent nuisibles à ceux qu'elles veulent servir, & d'ailleurs prohibées par les statuts, avala son verbe & pâlit en pétrissant entre les siennes les mains du Loyal-Espagnol, lequel n'en croyait pas ses yeux : ainsi qu'une eau dormante s'éveille & bouillonne, ainsi l'ex-amant de cœur des filles soumises de Paris avait évolué sur lui-même, &, d'un tour de hanche si rapide que personne ne sut en apprécier la valeur, renversé, non sur les deux épaules, mais sur le flanc droit, l'étalon excédé de la trop indépendante ribaude damée de Mauhors, auprès duquel lui-même était tombé coup sur coup, en exhalant un guttural & sauvage

— Hurrah !

Possible que la passe eût été régulière ; mais ce qui s'ensuivit, non pas ! Etendu dans la lice à côté de celui qu'il avait pris en défaut & bousculé, le Faiseur-de-Lois s'ingéniait, d'une main, à lui introduire du sable sous les paupières, & de l'autre, afin de le mettre hors d'haleine, il lui tortillait le caleçon & la ceinture. Heureusement pour le Grand-Blond que cette p.... titrée, Mme la marquise de Montauriol, ne l'avait point totalement exprimé, la veille, & qu'il était encore solide du biceps.

— On m'a passé la jambe, déclara-t-il en se relevant sur un genou, trahison !

Et, fou furieux, en dépit des hum ! hum ! hum ! répétés du « bon grincheux » qui l'exhortait ainsi de loin à se contenir, il cramponna si violemment au cou Mein Herr Véru, que la face incolore de ce métis s'empourpra, bleuit, & qu'on le vit, lui, tirer une langue de pendu. Nom de Dieu! le misérable! il serait traité royalement, &, puisqu'il avait commencé la valse, sans cistres ni rebecs, son vis-à-vis allait, de même, la finir.

— Relevez-vous...

Ils n'entendirent point.

— ... Tout de suite!

Injonctions vaines ; & la lutte horizontale continua furibonde : allongés tous les deux & circonvoluant comme des reptiles à travers la lice, ils avaient des soulèvements de croupe inattendus & des déhanchements à se déboiter les lombes. Enlacements sur enlacements, voltes sur voltes & cabrioles sur cabrioles! On eût dit parfois, à les voir se disloquer ainsi, deux clowns britanniques, ou plutôt deux mannequins en caoutchouc, tant leurs troncs enroulés se dilataient ou se contractaient à volonté. Qui l'emporterait? Tantôt celui-ci semblait devoir obtenir l'avantage & tantôt celui-là! Soudain ils apparurent côte à côte, à plat ventre, haletant comme des chiens.

— Hardi !

Tout écumants, ils se reprirent &, deux secondes après, ils râlaient de plus belle en s'entre-dévorant. Adieu les passes savantes ! En ce choc déréglé, fou, dérivant beaucoup moins de la lutte à mains plates que du pugilat & de l'acrochirisme, vaincre à tout prix & n'importe par quel moyen était le but évident du vagabond sans aveu briguant, certes, la suprématie dans les arènes, mais surtout les monnaies exposées à tous les yeux, & son scrupuleux antagoniste était bien obligé, bon gré mal gré, pour égaliser les chances, de se défendre *unguibus & rostro*. Crédieu ! quelle boucherie. Entre eux des vautours ou des panthères se fussent plus ménagés, & voilà qu'au comble de la rage ils en revinrent brusquement, ces frénétiques, aux combinaisons professionnelles. A terre & maintenant à genoux, qui devant qui derrière à tour de rôle, ils s'évertuaient, tantôt vivement, tantôt posément, celui-ci en appliquant l'une de ses mains sous l'abdomen & l'autre sur l'occiput en même temps que le poignet correspondant sous l'aisselle gauche ou droite de celui-là, celui-là virant sur lui-même après avoir contracté ses dix doigts autour de tel ou tel bras de celui-ci, tous les deux, avec la même animosité, à se jeter sur les omoplates, & ce périlleux exercice se prolongea tellement que Martin, en émoi, balbutiait sans cesse aux oreilles du Castillan :

— Il est flambé, le nôtre, s'il s'obstine à louvoyer ainsi contre ce félon !

Et Blas, ne pouvant admettre cette éventualité, répondait, toujours confiant :

— Il gagnera !

Le public, lui, n'avait plus de langue & fixait l'œil sur les forcenés, les allouvis, qui, pivotant sur leurs genoux & bombant ou rentrant leurs reins selon le cas, roulaient sans cesse d'un bout à l'autre de la lice, enveloppés d'un voile de poudre, & se cognaient parfois contre les balustres de fer. Ah ! nenni, Mauhors n'avait assisté jamais à de si sanglantes fêtes, & la foule, enfiévrée autant que charmée, ne savait se défendre, en suivant les péripéties de la bataille, de se pencher ou de se cambrer à l'instar des combattants en furie. Eh bien, quoi! d'où provenait ce bruit étrange, assez semblable au craquement d'une solive qui se rompt? Tout le monde se courba vers l'arène & l'on vit vaguement dans un tourbillon de cendres un des deux anthropophages se relever.

— Est-ce toi, l'ami ?...

— C'est moi !

— Bravo !

L'autre cependant, blême & long-étendu dans la carrière, ne bougeait point.

— Tu l'as tué ?...

— Pas encore.

— Alors que fait-il ?

— Le pont !

En effet, il « faisait le pont, cet arsouille », avec le ferme espoir de persuader aux gobe-mouches, dont se compose presque toujours la majorité d'une nombreuse réunion populaire, que, s'il demeurait ainsi posé sur ses talons & sur sa nuque, l'échine à dix ou quinze centimètres de terre, c'est que ses omoplates n'avaient pas touché. La plupart des athlètes, rangés autour de la balustrade, & les amateurs assis au premier rang, soutinrent bien, à l'envi les uns des autres, qu'il avait été tombé selon toutes les règles énumérées dans la charte; mais le peuple encore volage, ou plus rigoureux, voulant, avant d'arbitrer, une preuve irrécusable, présuma, lui, non sans quelque plausibilité, que cette preuve était probablement inscrite en caractères lisibles à même la peau de « l'appelant »...

— Ohé, là-bas, Sainte-Cruche, requille-toi donc & circule un brin.

N'attendant que cet ordre, le patenté gueusard se remit sur ses gigues & fit le tour du cirque, en exhibant très complaisamment, à qui tâchait d'y voir, son dos, où régnaient de vagues fleurs de lys. Hasard ou non, il ne s'était incrusté de sable qu'en l'une de ses épaules, & si l'autre s'offrait rouge comme de la chair d'écorché, rien de plus n'indiquait qu'elle eût porté. Vrai Dieu ! jamais depuis son apparition aux arènes la victoire n'avait été souhaitée de si grand cœur au « favori » ; pourtant on ne devait pas, on ne pouvait pas le déclarer pleinement vainqueur après un coup si douteux ! Un tolle se fût élevé plus tard dans les arènes languedociennes & provençales, où l'on jalousait tant Mauhors & son prodigieux champion ; ensuite, il était de toute nécessité que l'infâme libéré de Toulon & de Brest, qui depuis avait fabriqué tant de chaussons de lisière en mainte centrale, reçût une volée plus verte que ça ; puis, enfin, en conscience, on n'eût pas été fâché que la liesse durât encore un peu...

— Soit ! s'écria le Carrier, *récidivons ;* seulement il me faut un jury !

— Parfait, rien de plus juste !...

Et, quand on eut assez encensé « Sa Grandesse » qui n'avait jamais montré tant de bonne grâce, & que la lice, où volait une vapeur aveuglante, eut été suffisamment arrosée d'eau, le jury, formé de six citadins & de six paysans des marches limitrophes, nommés par acclamation, entra dans l'arène & s'y casa de façon à bien juger les passes...

— Allez !

Et la foule, après lui, prononça ce mot d'usage &, très inclémente, ajouta :

— Point de merci !

Les deux « Redoutables » se remirent aussitôt en garde. Alba Ier, un peu pâlot & fort distrait, interrogeait très fréquemment de l'œil la haute galerie attenante à la plate-forme & semblait échanger on ne sait quels signes d'intelligence avec quelqu'un d'invisible qui se fût trouvé là. Quant à Nabuchodonosor III, plus hideux que jamais avec ses grosses moustaches de croque-mitaine inondées de salive & ses mamelles boursouflées, il paraissait abîmé, lui, dans de très profondes algèbres, &, mélancolique, se disant peut-être que rien n'était moins aisé que de faire la loi toujours & partout, il tirait parfois sa jambe gauche luxée ou meurtrie, qui, lente, très lente à se mouvoir, se souvenait sans doute du boulet que, jadis, elle avait traîné là-bas...

— Allez, répétèrent pour la troisième ois ceux du jury ; bravoure & loyauté !

Contre toute attente, le Bourreau-des-Faubourgs, bien moins endommagé qu'il n'en avait l'air, se porta si brusquement en avant, que le Mâle de la Grésigne, étourdi de cette attaque impétueuse, si contraire aux pratiques habituelles de l'escobard, oscilla sur ses orteils, la clavicule à demi-rompue par ce choc à poings fermés plutôt qu'à mains ouvertes, s'ahurit & manqua de choir en arrière, à la grande ire des rustres, qui s'écrièrent d'une voix unanime, en le gourmandant :

— Tu n'as donc plus de sève ?

Alors lui, dont les racines valaient toujours autant que les branches, & qui pensait mériter encore le nom que les rudes gars des cimes d'Aujols, ses pays, avaient cru devoir un jour lui donner à cause de sa ténacité pareille à celle du saule, adressa soudain aux lourdauds qui venaient de « l'engueuler, » cette fière riposte :

— On est toujours l'arbre incarné, langues d'aspics !... & je rebuterai ce bûcheron-là !

Puis, se tournant vers les sujets de la troupe, qui tremblaient & pour eux & pour lui, sans plus de motifs que la bande champêtre déjà rabrouée, il leur exprima d'un sourire qu'il comprenait leurs avis cent fois répétés, savoir : qu'avec les rampants de l'espèce de l'ex-forçat, il fallait éviter de lutter à terre, un serpent ayant toujours quelques chances de l'emporter, même sur un lion !...

— N'ayez crainte !

Et, s'étant reporté vers le galeux bandit, à qui tant de déconvenues successives avaient un peu troublé les sens, il lui fit clairement entendre d'une œillade que si lui, « Nabucho », s'imaginait de l'envelopper, ainsi qu'à Tarascon en avait agi naguère, à l'égard de Pôl l'Auroch, ce vieux pilier des arènes nîmoises, un lutteur infime tel qu'Ulliel-le-Boa, c'était une espérance vaine, & d'autant plus que désormais on lutterait poitrine contre poitrine, debout.

— Oui, certes, appuya le peuple, qui se rendait très bien compte de cette éloquente mimique ; debout, debout à la guise des anciens !

Une grimace de désappointement fut la première réponse du féroce chafouin, qui d'ordinaire ne brillait guère à ces nobles escrimes perpendiculaires, & sa seconde une série de coups de front à l'instar des béliers & des boucs, suivie d'on ne sait quelles glissades trop ou trop peu catholiques ayant pour but de faire perdre l'équilibre à son antagoniste & d'en avoir raison, accroupi; mais tout fut inutile! En vain, cet estafier si fertile en fraudes d'autant plus inévitables qu'il déroutait, étant ambidextre, les gauchers comme les droitiers, usa-t-il de toutes ses frimes & piqua-t-il des têtes innombrables dans « la sciure », afin d'y conduire après soi le « pharamineux hurluberlu »; celui-ci, montrant là combien il était digne aussi d'avoir été surnommé l'Inflexible, s'entêta, malgré vents & marées, à ne plier ni rompre; & toutes fois & quantes que « Touche-à-Tout » dont le pif s'allongeait, s'allongeait à chaque nouvelle tentative infructueuse, se redressa, gris de poussière & les yeux en compote, la foule, railleuse, lui cria :

— Voyons, sois franc, Nosor, comment trouves-tu ce bouillon ?

Nosor, n'ayant garde de repartir, expectorait, avec le sable qu'il avait aspiré, des chicots saignants ; puis, convoiteux, papelard, il lorgnait avec tendresse l'urne emplie d'or, rutilant au soleil. Evidemment, si l'autre travaillait pour la gloire, lui, le pauvre, opérait pour l'argent.

— Oh ! tu peux te fouiller à ton gré ; va, nini, va, ce lot n'est pas pour toi !

Convaincu qu'en effet il ne décrocherait pas la timbale & que les monacos, hélas ! les jolis monacos ne seraient pas pour lui, le « vilain merle » se décourageait, lorsque certain auxiliaire émanant de lui-même le réconforta.

— Tiens ! disait-on sur les gradins, où montait une odeur forte, pénétrante & salace comme celle qui sort des étables à cabrils, ça pue, ici !

Le fait est que ça, vraiment, empestait à tel point qu'on se bouchait le nez & qu'on crachait comme si l'on eût avalé quelque médecine, tandis que l'empoisonneur, habile à profiter de tout, plaçait son infect poitrail suant sous le nez de « la Grand'Nonain », qui, le cœur soulevé de dégoût & les bras ballants sur les cuisses, succombait, asphyxié.

— Ventilez un peu ! cria le peuple ; on étouffe, enlevez cette chiffe !

Arribial & Blas se pendirent tous deux aux cordes qui mouvaient le velarium.

— Houp là !

Des poulies grincèrent, un cabestan gémit ; en haut, la toile immense, remontée, s'enfla comme un ballon, & de toutes parts à la fois entra dans l'enceinte l'air aromatique & pur des soirs de mai.

— Pff ! souffla-t-on : il fallait ça !

Rafraîchi par cette délicieuse brise, & grâce à quoi délivré des miasmes délétères qui l'avaient presque méphitisé, Monseigneur des Lys se ranimait aussi, lui, comme il reçut du Roi des Pourris au creux de l'estomac quatre ou cinq bourrades des plus « scientifiques » si brèves que personne ne les remarqua, mais si précisément administrées qu'elles lui humèrent l'haleine, & qu'on le vit tituber au milieu de la lice, pareil à quelque biberon en proie aux vertiges alcooliques.

— Hé, major !

Aussitôt il retrouva son aplomb, & l'exécrable coupe-jarrets, qui souriait à la façon d'un petit saint, fut empoigné, brandi, mené tambour battant, au ravissement des Maudurques, qui s'exclamèrent en chœur :

— Ran, ran, ran tan plan !
— Oui, prends ton sac !
— C'est fi, n, i, ni ; fini...

Soudain la gaudriole expira sur les lèvres des daubeurs, car le daubé, dont les transes, mal déguisées, offraient depuis quelques minutes un si divertissant pectacle aux yeux de tous, estimant bien, ce mauvais garnement, que s'il ne se servait vite de ses plus ignominieux expédients, il ne tarderait point à être mis en capilotade par celui qu'il avait « raté » tant de fois, s'était laissé, jouant ainsi son va-tout, tomber en arrière un peu de côté, tout en entraînant avec soi son adversaire quasi victorieux, qu'il reçut sur les deux genoux, de manière à lui briser incontinent la poitrine. Hé ! le calcul s'explique. Aux termes du règlement, tout lutteur obligé, pour une cause quelconque, de déserter l'arène, est considéré comme vaincu. Donc, le tacticien immonde avait cru sans doute, tout bonnement, qu'après un tel coup le « Formidable innocent », enfoncé, cracherait le sang & se retirerait de la lice, abandonnant *ipso facto* la victoire & l'enjeu. Quelle erreur ! Heurté rudement à la pointe du sternum, « Mademoiselle » avait, il est vrai, crié de douleur & porté les mains à son sein endolori ; mais, rendu vite à lui-même, il s'était rejeté vers les balustres, afin d'éviter un nouveau choc, & voici que, maintenant, il revenait, implacable, irrésistible, à l'assaut... Tartufe sourit alors, & sautillant à cloche-pied, comme si l'une de ses jambes eût été grièvement blessée, implora le public.

— Que baragouines-tu ?

— J'ai mal.

— Où ?

— Là !

— Sous les ongles ?

— Aux chevilles !

Soit que les assistants, amusés par l'accent lamentable & la mine piteuse du retors aux abois, eussent voulu jouir plus longtemps de ses risibles supercheries ou qu'il leur parût écloppé réellement, ils s'écrièrent, au désespoir du vieil ours, qui, mugissant, s'arrachait les poils :

— Halte, enfant, halte-là !

Docile, en veine d'indulgence, il se montra débonnaire, mais, en s'exécutant, il plaqua sur le faux infirme un tel regard de mépris que cet odieux acteur, ivre de rage, pensa se vendre plus de vingt fois avant de parvenir à la dernière marche de l'escalier monumental, sur laquelle, après avoir traversé la lice en boitant très bas, il s'assit à portée de l'urne métallique où rayonnaient, tendre objet de ses vœux, les cinq cents louis d'or promis au vainqueur, dans la peau du quel il n'était pas.

— Hein ?

— Aïou ! geignit-il d'un ton si douloureux qu'il eût apitoyé des pierres, oui, mais si caressant que les régisseurs des arènes, accourus, jugèrent à propos de surveiller la prime de très près : aïe, aïou, quelle male-chance !

Et, parmi la foule, insensible à de si vives & si légitimes souffrances, un loustic cria :

— Pleure, pleure sur le quibus !

On rit à belles dents de « l'aspirant au trône », qui s'en retournerait Gros-Jean comme devant, avec une veste aussi longue qu'une soutane d'abbé, sans même avoir de quoi payer un corbillard à ses illusions mortes ; & quand force gorges chaudes eurent été faites à ses dépens, on lui demanda de toutes parts, à brûle-pourpoint, s'il se trouvait, oui ou non, en état de continuer la mazourke?

— Encore un instant...

— Tout de suite ou jamais!

Ainsi mis au pied du mur, il tressauta fort ingambe, en vérité ; mais se ravisant, trop tard pour en imposer encore à tous ceux qui, là, sans peine aucune, avaient surpris le secret de la comédie, il revint en flattant sa patte « malade » au beau milieu de la lice, où, l'œil à terre & l'esprit dans le bleu, rêvassait... l'ange déchu !

— Confrère...

Il déploya les bras comme un oiseau étend ses ailes, & toisa la chenille qui s'était permis de le traiter avec tant de familiarité.

— Quoi donc ?

— Crève !

— Après toi, sire !

Et, les prunelles allumées de ce flambant courroux dont en pareil lieu, quelques jours auparavant, avait été si fort effrayé Mayeux, le fringant Mayeux, pécaïré! il fondit sur le ribaud, comme un gerfaut sur une chouette, & tout fut bâclé cette fois, en un clin d'œil : l'épouvantail des crânes, strangulé, voltigea dans l'air ainsi qu'un fétu de paille & s'abattit en plein sur le dos, à la place même où naguère encore il paradait, en se lissant l'impériale.

— Oh! ma foi, ça y est, claironna le Loyal-Espagnol, les deux épaules ont touché !

— Pas en même temps, interrompit le jury, suprême arbitre ; l'une après l'autre !

— Eh bien, revenons-y, dit Bras-de-Fer, hérissé comme un coq, ça me va !

Puis, sans permettre à l'imposteur de recourir à quelque nouveau subterfuge ou de concevoir un autre stratagème, & ne craignant plus, lui, le délicat, de se souiller au contact d'une charogne dont les émanations pestilentielles l'avaient suffoqué presque au fort de la bataille, il le ressaisit d'une main toute puissante, &, superbe, il en jongla...

— Miracle ! tonnèrent, d'un bout à l'autre du Colisée, les urbains ravis ; miracle !

Et les ruraux, toujours prêts à traduire leur enthousiasme par des odes & des ballades légendaires, dirent une chanson de geste, rimée par quelque obscur troubadour du moyen-âge à la gloire du pair de France, neveu de Charlemagne, de ce bon paladin en détresse dont l'oliphant s'entendit jadis à travers les Pyrénées, de Roncevaux à Toulouse, & qui portait à son flanc la noble Durandal :

«*Ourland es tournat*
Roland a reparu
In nostros countrados,
Dans nos régions,
E sas mas an sounat,
Et ses mains ont brui,
Plenos de trounados,
Pleines de foudres,
Sul couffet engounnat
Sur le casque bossué
D'as Sarraʒinados ;
Des guerriers sarrasins ;

Bol damoura praîci
Il veut désormais vivre ici,
Lou balent porto-sabre;
Le vaillant porte-glaive;
A ta be riguen-s-i,
Soyons-lui donc reconnaissants,
Car un dî soun cadabre
Puisqu'un jour son cadavre
Flourira lou païs,
Honorera ce pays,
Tant bel qu'el Paradis,
Aussi beau que l'Eden,
Ount linoun las cabalos,
Où hennissent les cavales,
Blancos fillos realos
Blanches filles royales
Del Bayard des Aimount,
Du Bayard des quatre fils d'Aymon,
Al naou castel d'amount !
Dont le château couronne nos montagnes. »

Surexcité par le vibrant récit de ce poëme lyrique, le preux chez lequel on distinguait un autre Roland, de même qu'on avait cru reconnaître en lui, lors de son combat contre le taureau de la Camargue, Thésée immolant le Minotaure des temps mythologiques, Albe, le bel Albe allait toujours au bruit des claquements & des trépignements qui, tout à coup, redoublèrent d'intensité, parce qu'il avait redoublé lui-même de violence. Oh! qu'il était grand & combien beau! Tel que l'athlète antique au sortir du bain d'huile, il miroitait sous la chaude buée dont ses membres, gonflés au point de faire explosion, étaient enveloppés de toutes parts, & sa langue proférait on ne sait quels défis. Où donc avait-il puisé cette surabondance de forces ? Hé quoi! tant d'énergie après deux heures de haute lutte ! A n'en pas douter, il fallait qu'il eût le diable au corps ! & le sale prétendant passait positivement un mauvais quart d'heure... On en parlerait encore dans cent ans & plus! Secoué, lâché, repris, quitté, ressaisi, tordu comme un chiffon, ce reptile, cette larve, cette vermine, se désolait entre les vivantes tenailles qui le mettaient en charpie & se crispait en l'air avec des contorsions de damné. Vainement, à plusieurs reprises, tenta-t-il ce qui jadis, sous les remparts d'Ilion, aux jeux donnés en l'honneur de Patrocle, après la mort du Priamide Hector, avait réussi si bien au perfide Ulysse affrontant Ajax Télamonien, le plus naïf, mais aussi le plus inébranlable & le plus héroïque des Achéens, venus sur les nefs rapides devant Troie, sans en excepter ni le grave Agamemnon, ni l'infortuné Ménélas, ni le sage Idoménée, ni l'agile Teucer, ni le fier Mérion, ni le vaillant Diomède, ni même le bouillant Achille aux pieds légers; Ompdrailles ne plia point sous les talons appliqués sur ses rotules meurtries, & plus déchaîné, plus grondant que jamais, il s'acharnait au carnage, lorsque de dix mille poitrines trop longtemps comprimées jaillit, comme un éclair, ce cri de colère & d'angoisse :

— Assassin !

Non, non, pas de doute, on avait très bien vu l'attentat : il avait trahi son serment, Louis Véru. Quelle racaille! Ah! c'est ainsi, par Dieu! qu'aux bravades d'Iquolt, en Provence, il avait, en concourant, frappé

Le Franc-Cévénol Angel! Un coup de pied au-dessous de l'aine, & quel coup!... Atteint aux parties, « El Leon », les traits envahis d'une pâleur mortelle, frémissait en proie aux affres de la douleur; mais toujours debout & faisant craquer parmi ses doigts convulsés les os du traître d'entre les lèvres fangeuses de qui s'échappaient pêle-mêle des imprécations, des litanies, il regardait fixement une grosse pomme de fer entée sur une pique au pourtour de la balustrade... aussitôt chacun comprit la rouge pensée qui le hantait, &, sans réfléchir aux conséquences d'un tel conseil, on lui cria de toutes parts & d'un seul jet :

— Tue-le ! oui !

Personne, personne au monde ne pouvait sauver celui qui venait d'être condamné par tous, & que déjà le Tombeau-des-Lutteurs balançait comme une fronde au-dessus des balustres... Encore une seconde, & la cervelle du maudit volait, émiettée & sanglante, au loin, sur les gradins.

— Oui, va donc !

Conspué par la foule inexorable, & tenu au-dessus de la tête du justicier, le coupable ferma les yeux, se sentant perdu...

— Non ! accentua, dans le grand silence du suprême moment, claire & mordante, une seule voix, qui bientôt ajouta, plus incisive & plus autoritaire encore : « Ici ! »

Tous les regards montèrent aux combles du cirque d'où la voix avait dû descendre, & l'on distingua vaguement une aquiline & bilieuse figure césarienne, au delà de la plate-forme, parmi deux persiennes entre-bâillées...

« Sang-Dieu ! n'était-ce pas du faîte de ce belvédère que jadis un vieux brave avait crié d'une bouche hargneuse au peuple avide d'être renseigné sur la santé du Comtadin, tombé presque mort dans la lice : « On le sauvera peut-être ! » & n'était-ce pas aussi de là qu'était venu dans l'arène ce magique bouquet de camellias adressé la veille au « mateur » de la bête à cornes, & qu'était parti, trois ou quatre jours auparavant, l'ordre de supplicier le Bossu ? Si ! mais si... »

Comme toutes les têtes se tendaient derechef, tout là-haut, le volet se ferma.

— ...Disparue !

Or, lorsque les yeux se baissèrent vers l'arène, il avait obéi déjà, pâle serf, le carrier ! & voici qu'il aidait le misérable, gracié contre la volonté publique, à se relever de la couche sablonneuse où, tout doucement, avec des précautions maternelles, ses mains furieuses l'avaient posé...

— Ma revanche ! osa demander Robert-Macaire, quand me la donneras-tu ?

— Demain.

— Ici ?

— Mais.

— Aux mêmes conditions ?

— Sans doute ! & j'ajouterai de mon gousset vingt, trente, cinquante, cent pistoles aux dix mille francs que voilà.

— Bien ! ne manque pas au rendez-vous, bichon de marquise...

— On y sera, détrousseur de pauvres filles ! seulement, toi, retiens ceci : je n'épargne pas toujours les carnassiers !

Et, très impatient, eût-on dit, d'obtenir le satisfécit d'on ne sait qui, le dompteur de monstres, laissant là celui qui se rongeait les griffes, s'élança d'un bond sur l'escalier sans rampe où vainement ses deux impeccables affidés voulurent l'essuyer avec des linges chauds ; ensuite, baissant tout à coup pavillon, il gravit les soixante marches de pierre avec cette soumission de caniche dont il avait fait preuve pour les redescendre, au jour inoubliable de sa palpitante lutte contre Antricon-Balastor, le Terrible-Bossu de Saint-Jean-d'Angély.

Les XII Travaux étaient terminés : Hercule avait enfin accompli sa tâche !

On s'en alla.

— Bonsoir ; adieu paniers, adieu raisins, vendanges sont finies ! susurrait avec amertume l'industriel enrichi, connu sous le nom de « Directeur des premières arènes du monde », en voyant tous les vomitoires du cirque dégorger la foule innombrable qui, pendant douze après-midi consécutives, s'était disputé les gradins; salut, belles recettes! salut, jaunets & blanquets! adieu mes amours, c'est râclé! désormais nous n'aurons pas un chat ici...

Mon Dieu! les chagrines réflexions de ce Crésus de récente date avaient leur raison d'être &, comme lui, les nombreux gagne-petit de son personnel administratif, se sentant d'ores & déjà sur le pavé, faute d'emploi, pensaient très assombris « que ça ne durerait plus guère! » Où trouver, en effet, à présent, un Porthos capable de se tamponner avec le premier pensionnaire, qui, d'ailleurs, à peine réparé, menaçait de nouveau ruine! & comment à l'avenir appater le public? Oh! c'était bien fini! De longtemps on ne se marcherait pas sur les cors autour des guichets; il n'y aurait jamais plus de queues de trois kilomètres aux portes du vieux cirque romain, & le mieux était peut-être de fermer boutique illico ! » Bonne ou médiocre, pareille idée travailla si bien Innocent Truquettil dit Pas-de-Fiasco que cet ex-avocat du roy, chevalier de Saint-Grégoire-le-Grand & du Médjidié, faillit y donner suite aussitôt après la représentation ; néanmoins le grippe-sous se contint, &, contre toute probabilité, les Maudurques, soit de la ville, soit de la banlieue, reparurent le lendemain aux arènes, aussi nombreux que la veille. On ne venait pas assister, en chœur, au triomphe définitif & prévu du « Benjamin, » non ! il était prouvé depuis vingt-quatre heures, & surabondamment, que personne n'était de taille à lui river son clou; mais si la revanche accordée au pire des crocheteurs n'intéressait qu'à demi, l'on brûlait de savoir si « la femme invisible qui criait tantôt : Je veux ! tantôt : Je ne veux pas ! interviendrait encore pendant les luttes, & comment elle se manifesterait cette fois-ci ; car, à dire vrai, les gens s'attendaient de sa part à d'autres gestes, émouvants ou réjouissants, plus ou moins fous... &, tout d'abord, on fut servi. Patata

patata, certain Boniface, originaire des montagnes où poussent les chaudronniers & toutes sortes d'étameurs, qui s'était vanté jadis de n'avoir jamais eu de la cire aux yeux, ni les prunelles à la poche, ni du coton dans les oreilles, & que, naguère, à cause de son intarissable faconde, on avait fortement bouchonné *coram populo*, se lança dès l'ouverture des grilles à travers les banquettes, & là, distribuant à droite comme à gauche force poignées de mains, se mit, sans qu'on l'en priât, à jacasser comme une pie :

« Entre chien & loup, autrement dit à la brune, il s'était, la veille, rendu, suivant son habitude, bien qu'il n'y fût plus employé depuis longtemps, en un palais où sa bonne amie, dont il avait eu déjà le plaisir de parler en maintes circonstances & tout dernièrement encore, était en train de lui tenir au chaud un consommé d'aristocrate, incarnadin comme les écrevisses qui y nageaient, & au frais plusieurs litres d'un jus fameux à coup sûr! Or, la si gente drôlesse, assez goguelue d'ordinaire, était aux anges, ce soir-là. « Qu'est-ce qu'il y a donc ? — Il y a, gros bêta, que bientôt nous serons libres de faire ici les cent coups sans avoir rien à craindre de la patronne ni du commissaire, & que nous y pourrons fricoter à notre aise pendant toute une saison... — Explique un peu. — Pas aujourd'hui. — Quand ça? — Tôt. — Eh bien! va pour très tôt, m'amie, & verse à boire après m'avoir baisé!» Mademoiselle le baisa; puis, lui, pauvre diable, mais bon prince, avala quatre assiettées du potage écarlate, lequel, entre parenthèses, calcine joliment les boyaux, & lampa deux bouteilles de blanc & quatre ou cinq de rouge; ensuite, bien garni, lesté, parfaitement en règle, il quitta ses nippes, s'épandit sur la plume & : « Je t'en supplie, approche vite ici, mon bijou. » Toujours obligeante, Césette ou plutôt Francésette arriva, le sommeil aussi, puis « ronflons ! » Elle ronfla si consciencieusement, cette fille céleste, qu'elle l'éveilla... « Fouchtra ! quelle musique! est-ce que je rêve ou non ? » Il rêvait si peu que, s'étant levé du lit & débarbouillé la frimousse avec de l'eau froide comme de la glace, il entendit encore mieux la sonnerie, & là, réellement, il fut si ravi qu'il en salivait de bonheur. Et cette harpe lointaine le magnétisa de façon que, malgré lui presque, il sortit tout extasié de la chambrette, enfila deux ou trois longs corridors & parvint sur la pointe des pieds jusqu'au pas d'une porte entr'ouverte, derrière laquelle, au milieu d'un salon tout doré, charmante bonbonnière, entre huit grands flambleaux allumés, se tenait, jamais vous ne le devineriez! un petit tortillard, vêtu d'une houppelande bleu de ciel à tresses d'argent & coiffé d'un kolbak, pareil à ceux des tambours-majors, beaucoup plus haut que lui. Ce vilain charmeur pinçait son luth magique & se pâmait aux pieds d'une statue représentant la bourgeoise telle qu'elle doit être lorsqu'elle ne porte ni chemise ni caleçon. « Ah! cette musique, cette musique! il me semble que je l'ois encore! elle vous donnait une envie, une envie folle de mourir de plaisir, à telles enseignes que si là, dans le couloir, à portée de mes mains, il y avait eu quelque maritorne, même laide comme le cul d'une monine, j'aurais enfin été dans cette circonstance, oui, monde, oui, sieurs! infidèle à ma tendre amante. « Ah ça! la belle, lui demandai-je aussitôt que je fus revenu près d'elle, apprends-moi donc, je t'en conjure, pourquoi cette espèce de nain roucoule si plaintivement là-bas, au fond du vieux corridor, entre les deux tourelles ? » Ensommeillée, elle me répondit en bâillant : « Tu l'as donc vu ? — Parbleu, je crois bien ! — Alors tu l'as reconnu ? — Serait-ce pas ce bout d'homme à gigues torses qu'un soir nous avons applaudi de si grand cœur tous les deux, en l'une des baraques sises auprès du Château-More, sous les arbres des quinconces ? — Si. — Lui, c'est lui, le musico portugais dont toutes les dames de la haute raffolent à Mauhors ? — Oui, c'est ça, c'est Dom Kiki. — Que ce soit le Drac en personne ou Kiki lui-même, c'est un fameux enjôleur qui m'a tout remué ! » Là-dessus, elle m'embrassa ; je lui rendis pareilles caresses, la trouvant mille, cent mille fois plus invitante que de coutume. Et quand nous nous fûmes becquetés à l'instar des colombes en avril, encore toute mourante, elle soupira, la maligne, en me couvant de l'œil : « Oui, c'est une musiquette fort douce, qui me fait aussi pas mal d'effet, à moi. » Ces paroles-là, voyez-vous, au lieu de me fâcher, ravivèrent mon transport en m'expliquant le sien, &, ma foi, vive Cupidon ! Ici, comme partout ailleurs, sans doute, on dit que parfois les ivrognes avisent Bacchus par le douzil des barriques; eh! je le croirai, moi, qui, cette nuit, en mon amoureuse ivresse, aperçus au ciel du lit l'enfançon divin avec ses ailes & son bandeau, ployant son arc & nous criblant de fortes flèches, la poulette & moi. « Mais, dis-je à ma beauté dès qu'il se fut envolé, tu ne m'as point encore appris, aimable maîtresse, pourquoi le luth de ce délicieux magicien rit, pleure & chante là-haut ? — Oh ! ça, c'est un secret ! — Un secret entre nous ! y songes-tu ? — Si tu n'étais pas si bavard... — On m'a calomnié, bébête, on m'a vilipendé; depuis ma naissance, on m'impute à tort d'avoir l'oreille fine & le bec effilé; je suis sourd comme un pot & muet comme une tanche; un gnian gnian! — Oui-dà? — Je le jure. — Ah! tu m'induirais à baptiser des tuiles, &, sotte, j'ai trop de faiblesse pour toi; pèse un peu ces quatre mots : si tu me promets sur ton âme de n'en parler à personne, personne, entends-tu! je vais te montrer à l'instant même ce que nul chrétien ici-bas n'a peut-être jamais vu! — Quoi donc? — Chut! surtout n'éternue pas, ne tousse pas! — Sois tranquille! — Hé bien, allons, viens! » Et comme je finissais de boucler mes bretelles, elle me prit par la main & nous sortîmes à tâtons du nid où nous avions pigeonné! « Halte-là! souffla-t-elle, après que nous eûmes fait, pieds nus & sans chandelle, un tas de tours & de détours à travers cette maison princière, où jadis Henri IV, ce vieux coureur de prétentaines, arrivant incognito de la capitale qui l'avait proclamé roi moyennant qu'il allât à la messe, quoique parpaillot, visita dans la même nuit ces deux Montauriol, la mère & la fille, qui, suivant des papiers trouvés sous la Révolution en notre Capitole, conçurent chacune deux bessons & moururent en couches le même jour ; ici, c'est ici, mon loulou ! » Retenant alors notre respiration, elle la minette & moi, nous nous glissâmes côte à côte dans une large chambre obscure où montaient à la fois, de l'étage au-dessous, un air de guitare très lent, aussi pur, plus angélique qu'un cantique d'âmes, & des soupirs fort plaintifs. « Saint-Dieu ! que se passe-t-il en bas ? Y assassinerait on quelqu'un, par hasard ? — Idiot, tu crois ça, me riposta ma mie en étouffant un gros besoin de rire; on n'est pas à la guerre, ici ; tiens, agenouille-toi sur le parquet & mire un peu par ce trou que j'ai fait, tu verras un drôle d'assassinat ! — Oh ! m'écriai-je en appliquant mes prunelles à la fente en question, oh ! oh ! » Vrai, je fus ébloui, mais là, comme qui reçoit un coup de soleil dans les yeux. Une curieuse scène ! & dans quel endroit ! Imaginez une pièce carrée aux quatre murs tendus d'une étoffe de soie aussi bleue que l'azur du ciel & toute piquée d'étoiles et de soleils; on eût dit un coin du paradis, & je me le figurai d'autant mieux qu'il y avait là, si je mens que je meure ! un couple en costume d'Adam & d'Eve ; ah! nom de nom, mes amis! Elle était couronnée de fleurs & portait, la femme, non pas blonde comme notre première mère, mais brune comme la concubine de Lucifer, une mantelle de gaze aussi transparente qu'une nuée d'automne, & son corps, un peu bistré, s'amorçant à celui de l'homme plus blanc, lui, qu'un lys, & roux comme Jésus de Nazareth, semblait se dresser parfois sur la pointe d'une queue invisible & dardait une gorge de païenne reluisant ainsi que de l'or bruni, sous un grand lustre de cristal accroché par de fines chaînes au plafond. Ah! cette créature! Elle était si séduisante & si diabolique, qu'on brûlait comme un tison rien que de la voir. Imprudente tendron où m'avais-tu mené ? Mais la diablesse ouvrit la bouche, & sitôt je perçus une voix de sirène aussi perlée que le verbe des saintes : « ... Oui, roucoulait-elle, indolente, oui, l'auguste reine dont je viens de te conter l'histoire se paya la fantaisie d'être aimée d'un horrible brigand,

& c'est pourquoi, moi, qui puis avoir pareille turlutaine, ai voulu hier que tu ne détruisisses pas le plus réussi de tous, celui que je choisirais peut-être le cas échéant... oh! je ne ris pas. Et si, la veille, au contraire, il me plut d'être inclémente à M. de Conti, je veux dire au vivant portrait de feu ce prince bossu, c'est que j'abomine cette race de malins contrefaits qui me rappellent un de mes adorateurs, Saturnin de la Trid, dont je me lassai tellement au bout de trois semaines, que tous ses sosies, encore aujourd'hui, me sont insupportables au point de me donner des attaques de nerfs; or, voilà, mon chien, voilà tout; & maintenant occupons-nous un peu de nous, s'il te plaît, Médor! » Alors lui, royal limier ou plutôt simple lapin grandiosement découplé, ma foi! couvert d'une peau de lion & trimballant entre ses mains une massue à nœuds énormes, eut un sourire de béatitude; après quoi, sur un signe de la fée, il se mit à quatre pattes comme un bourriquet, & cette capricieuse paîresse l'enfourcha. Chacun son goût sur cette boule! Ils se promenèrent

ainsi, l'un portant l'autre, en leur resplendissante caverne, & quand ils furent fatigués de ce jeu biscornu, crac! l'amazone s'étala tout de go sur une chaise longue très-basse, assez semblable à celles où, si l'on s'en rapporte aux vieilles estampes exposées le long de nos quais, se gobergeaient les Grecs & les Romains du temps jadis. « Sieds-toi donc, chéri! » L'ensorcelé s'assit, timide, au bord de cette espèce de lit en bois des îles, à ce que je crois, & la guigna comme nos abbés guignent la Vierge Marie, & lorsqu'il l'eut bien contemplée, il prit un éventail de plumes d'autruche & l'en éventa. Misère de Dieu! c'était pitié de voir aux genoux de cette poupée, frêle comme un roseau, de cette mignarde trop faible pour se tremper elle-même la soupe, ce grand gaillard, taillé pour dompter les coursiers & les taureaux, s'engourdir les doigts avec cet outil des coquettes!... & tandis qu'il l'en chatouillait gauchement, elle closit l'œil & devint si blême que je la crus morte. Elle l'était si peu, la grivoise, que soudain, se quillant, elle saisit entre ses bras la tête du galant auquel elle enfonça censément de la braise dans les yeux, car il recula vite ainsi que quelqu'un qui se brûle, & ses deux quinquets coulèrent à l'instar de deux fontaines. Oyez, citoyens ; si vous avez vu, de même que moi, votre serviteur, qui pendant trois ans & dix mois ai résidé de l'autre côté de l'eau, là-bas, au Mexique où règne certaine fièvre jaune qui faillit bien m'envoyer *ad patres*, une cavale sauvage errer au galop sous bois, en hennissant, échevelée, fumante, le front plein d'éclairs, l'écume aux dents, & les naseaux arrondis comme des lucarnes, alors, alors seulement, vous pourrez vous faire une idée de cette déesse infernale, sinon, non, ça vous est défendu. Par saint Ory, gardien de ma paroisse, j'étais là, moi, plus épaté que cet heureux mortel, & j'ardais autant que lui, pendant que l'infatigable ménestrel égratignait toujours sa sublime mandoline, laquelle, furieuse à ce moment-là, chantait un hymne d'amour entraînant comme une marche guerrière, & qui, joué par des cuivres au fort d'une bataille, enlèverait d'un coup nos régiments & les jetterait sur les canons ennemis avec encore plus de vertu que la terrible *Marseillaise* ! « Holà, fit ma mignonne, que j'avais oubliée un peu, ne t'emporte pas, mon gros, & tire vers ici. » Fort ému, je me dressai tant bien que mal, la suivis de mon mieux, &, dans la même salle, à quinze ou vingt pas du poste abandonné, je m'étendis derechef à plat ventre & collai mon œil contre un trou donnant en plein, celui-là, sur le gracieux boudoir où, pécaïré, se démenait Dom Kiki... Pauvre oisillon, je le plaignais ! Sa musique eût enflammé des branches vertes sous la glace, & ce n'est pas pour lui qu'il attisait avec tant de goût ! « Triple Dieu ! goujate, apprends-moi ça ; saurait-il, lui, le malheureux, saurait-il qu'il tient la chandelle ? — Il la tient si peu que ses deux mains sont occupées à gratter sa guitare. — Oui, mais entendons-nous... — Oh ! c'est tout entendu ! — Coquine ! écoute-moi, ne t'avise pas au moins de me faire endurer une telle passion, ou je te tordrais le cou ! — N'aie pas peur. — Et toi, tremble ! — Imbécile, au lieu de m'attraper ainsi, regarde, & tu sauras ! » Si jamais recommandation fut inutile, ah ! vrai, c'était bien celle-là, bigre ! oui, mes frères. Aplati sur le carreau, j'ouvrais des yeux plus grands que des portes cochères, à ce point que tout s'y logea sans peine. Et quand j'eus assez étudié ce pitoyable foutriquet qui devenait beau, me semblait-il, à vue d'œil, & parfois s'envolait, ainsi que s'il avait eu des ailes, en tourmentant son luth enchanté, jusqu'aux lèvres de la femme-statue qu'il avait atteinte & baisée déjà plusieurs fois, avec quelle adoration ! impossible de peindre ça ! je revins à mon premier observatoire, &, de là, je jouis d'un autre tableau. Sur pattes en ce moment, la magnifique enfant de l'enfer était penchée sur le divin blond, qui, couché sur le dos, paraissait assoupi. « Boun Diou ! criai-je en le reconnaissant, Ecrase-Museaux & Casse-Gueules ! — Sans doute que c'est lui ! tu t'en avises seulement ? — Oui, mignonne, oui ! — Tout à l'heure, avais-tu donc la berlue ? — Il faut croire ça... mais, réponds ; elle, cette effrayante nonne à demi nue, serait-ce la patronne ? — Evidem-

ment! — Ah! fouchtra, fouchtra! quelle aventure! »
Et, remué jusqu'aux tripes, étourdi de tout cela, j'épiai
de nouveau... Le Tombeau-des-Lutteurs sommeillait
& parlait en rêvant : « Tu m'as tué, tué! mais je t'aime
toujours, Aglaé, toujours! » Un triomphant sourire
illumina cette noire & splendide Scorpione, que je crus
bien entendre murmurer ceci : Tant pis pour toi,
mauvais outil! » La rosse, hein? Et, quand elle se fut
assurée qu'il dormait ferme, elle souleva sans bruit
une portière de velours, & bonsoir!... « Où va-t-elle ?
— A côté. — Chez le violoneux? — Oui! — Chez le
souffleur? — Eh! pardi! — Profanation! Allons-
nous-en d'ici, jouvencelle, allons-nous-en! » Ensemble
nous démarrâmes de ce lieu, les oreilles encore pleines
de la prodigieuse ritournelle qui nous avait tant char-
més, & dès que nous fûmes en notre réduit, imaginez!
juge un peu, mon neveu! Mais à peine là : drelin!
drelin! « Attends! grognonna ma grisette qui bisquait,
on me sonne! — Eh! laisse sonner & qu'elle patiente
là-bas, cette princesse de quatre sous que nous n'avons

dérangée mie, nous autres ! » Se rendant à mes instances, la friponne resta quelques minutes encore auprès de moi ; puis, le service l'exigeant, elle décampa. « Ne t'ennuie pas trop tout seul, mon lolo ! — Va, ma lolotte ! va !... » Pure & vive, l'aube commençait à blanchir les vitres de la délicieuse chambrette où depuis l'an passé je suis reçu chaque soir avec tant d'aménité, quand mademoiselle Frimousse-en-l'Air me réveilla : car je m'étais rendormi, vous pensez, après de si grosses émotions : « Hé bé, petite ? — Il y a du nouveau ! — Quoi ? — Flanque ton nez à la fenêtre, & tu verras ! » Sitôt dit, sitôt fait ; & voilà qu'au bout d'un instant, emmitouflée comme une Russienne en de chaudes fourrures & portant en guise de manchon l'aiguiseur, cet heureux Petit-Poucet, la Montauriol, excrément du Diable & cauchemar du Bon Dieu, parut sur un perron à l'un des coins de la cour & monta très lestement avec son fardeau dans une ample berline attelée de deux jeunes rouans conduits par certain escogriffe appelé Zuliffa, mon successeur, un propre à rien.

«Hue!» Aussitôt les deux battants du portail armorié s'ouvrirent avec fracas & la voiture, sortie de l'hôtel, roula bruyante sur le pavé de la rue au Xyste. « Oui, mais ce n'est pas tout, soupira Césette, il faut à présent que je prévienne l'autre qui prendra ça je ne sais comment ; triste commission que j'ai là ! bah ! j'y galope ! arrive qui plante ! » Et, sans barguigner, elle y courut & lanterna si peu que, moins d'un quart d'heure après, j'ouis des sanglots en la cour, oh ! des sanglots déchirants, & c'était le Carrier qui, j'en frémis encore ! en train de les exhaler, issait du palais en adjurant le ciel. « Ah ! ça, demandai-je à la messagère qui rentrait, toute pensive & contrite un peu, que lui as-tu récité pour qu'il se désole ainsi ? — La vérité. — Quelle vérité ? — Tout ce qu'on m'avait chargé de lui dégoiser & même le reste. — Explique-toi clairement. — « Tu lui diras, m'ordonna madame en partant, tu lui diras que je vais de ce pas à Paris voir ma chère amie Sa Majesté régnante, coqueluche des Français, & que de la capitale je me rendrai droit en Bretagne dans un couvent, afin d'y vivre & d'y mourir. » Or, j'ai répété cela ; seulement, j'ai de plus ajouté que l'ingrate avait filé, non pas seule, mais avec il signor Gracioso ! que veux-tu ! j'ai lâché ça !... « Ne plus la revoir, gémit l'autre en baisant le brocart des tapisseries & les divans, plus jamais, jamais plus, ô mon Dieu, mon Dieu, mon Dieu ! » Vrai, ce mâle qui pleurait comme un bébé, m'a fendu le cœur, & me voici fort hypothéquée & repentante d'en avoir tant craché. » Tel fut le rapport de celle qui sera ma légitime un jour, à moins que je ne change d'avis, chose possible, vu qu'il ne faut jurer de rien sur le plancher des vaches, & je vous prie de croire que je compatis aussi bien qu'elle aux souffrances du délaissé dont la souleur ne s'explique que trop; pensez donc, honnêtes gens, & mettez-vous à sa place : être engeigné, lui, meilleur que du pain, & quitté, lui, si bel homme, pour un pareil rossignol; il y a de quoi n'y rien comprendre, & même, entre nous, s'en vouloir éternellement de n'être pas aussi mal foutu que ce sacré pou de Dom Kiki !... »

Le verbeux Pascalou s'arrêta là, car le marteau de l'horloge monumentale des Arènes frappait trois coups, & c'était l'heure de la revanche accordée par le premier lutteur du monde à l'infâme voyou qu'il avait terrassé la veille.

— Allons ! s'écria la foule, très peu saisie des confidences de l'Ornement-des-Cochers, qui passait pour le plus grand blagueur du lieu, mais néanmoins vaguement inquiète : avancez, les chicocandards !

Seul, Nabuchodonosor III, hideux avec ses chairs livides couturées de cicatrices, & ses yeux troubles pochés au beurre noir, arriva, clopinant pour tout de bon cette fois, sur la plate-forme où, pendant quelques secondes, on le vit regarder de travers & menacer du poing le colossal Alcide de bronze qui la commande ; après quoi, d'une allure traînante, ensommeillé comme toujours & plus sinistre encore que la veille, aux sons mariés du chapeau chinois, de la grosse caisse & des cymbales, instruments emblématiques de tous les charlatans, & par lui dès ce jour adoptés, il descendit, s'arrêtant parfois, les soixante marches, ses mains coutelées aux doigts crochus, jointes derrière son dos voûté, le chef un peu branlant, & non plus la queue d'une rose entre les dents, mais une grosse cigarette allumée au bec...

— On ne fume pas ici !

N'ayant aucunement l'air d'entendre l'observation générale, il gagna la lice, après s'être assuré que le pot aux roses, ou plutôt aux piastres, gisait entre les deux guivres, auprès des balustres, &, vers le milieu de l'arène, il s'accroupit, arrogant & cynique, à la façon des Orientaux.

— Hé ! toi, nous narguerais-tu par hasard, ex-rameur de galères ?

— Sans doute ! eut-il l'air de dire en rejetant par les narines toute la fumée qu'il avait avalée, on vous em...musque tous ; & ses épaules stigmatisées ajoutèrent : très-carrément !

— Ouais, goddam, à la gêne point de plaisir ;

soulage-toi! bientôt l'étrilleur en chef t'apprendra la politesse; va, toujours, va.

Le vieux « cheval de retour », haussant les mandibules, caressa ses accroche-cœur ; « s'imaginait-il, ce pignouf-là, que Sans-Peur & Sans-Reproche avait la colique, & que cet intrépide ne viendrait point au rendez-vous ? »

— Ici, petiot, ici donc !...

« Hé! mais que signifiait l'absence prolongée du bon drille ? Où traînait-il ses guêtres, ce Jean Logne, & pourquoi flâner & baguenauder ainsi ? C'était mal, bien mal à lui, vraiment d'être en retard en pareille occurrence ! »

— Ours, toi, vas-le querre, & ramène-le céans, entends-tu ? mort ou vif.

Fort gentil, l'interpellé qui, d'ordinaire, ne brillait pas par trop de complaisance, escalada la rampe en quelques enjambées, & revint seul au bout de dix à quinze minutes.

— Hé bien ?

— Il n'est pas là !

« Comment ? Trois heures & demie étaient sonnées & ce lambin n'avait pas paru... Vrai Dieu, par exemple ! on s'embêtait à la fin des fins ! & combien de temps encore faudrait-il supporter les outrecuidances du banquiste qui, manquant de mémoire, apparemment, osait se gorgiaser avec la cigarette, qui lui roussissait les ongles, au beau milieu de cette lice, qu'il avait, moins de vingt-quatre heures plus tôt, baisée & rebaisée ?... ah ça ! »

— Véru, grommela tout à coup l'âpre doyen de la troupe, on se charge de *t'aplanir*, si le peuple y consent.

— Toi ?

— Moi.

— Viens !

En deux sauts, Ignace à qui l'on octroyait très volontiers la permission de « plumer le paon » eut franchi la balustrade, & déjà, coudes au corps & tête oblique, il courait sus à ce bel oiseau, lorsque le régisseur des arènes, entre eux interposé, se hâta de dire que, « loin de s'élever contre les vœux du public, l'administration y souscrivait de tout cœur ; mais que, pour le respectable champion qui s'offrait, elle tiendrait seulement la moitié de la somme promise au vainqueur du Tombeau ; » déclaration qui fut bien amère au grognard ! « Double-Dieu, voilà qu'il ne comptait plus à présent, & qu'on le prenait pour un zéro en chiffre, un cocon, un caduc ! Attention ! Encore une fois au moins ses griffes & ses crocs allaient travailler !... »

— Roule, proféra Blas qui lisait dans l'œil furibond de son compère, navigue ; ça divertira ceux de ton bord, & même, ajouta-t-il en désignant les galeries, eux tous.

— Oui, cogne, appuyèrent unanimes les athlètes, assomme & fends !

Eux, les Maudurques, « eux tous, » on ne peut plus touchés de la noble colère de leur ancienne idole, en oublièrent un instant le Grand-Blond, & crièrent au Gros-Chenu :

— Pense à ce que tu fus & courbe le faquin, nous sommes avec toi...

— Bon !

Et Papa Féroce ouvrit la danse : « Avancer, reculer, simuler un retrait de corps, faire soudain volte-face, exprimer ostensiblement par le jeu de sa physionomie des intentions qu'il n'avait pas, & dissimuler au contraire celles qu'il avait réellement, approcher & se dérober au même instant, tâter un point pour en surprendre un autre ; essayer de menacer ici pour mieux atteindre ailleurs, s'appliquer à déconcerter son antagoniste qu'il fallait absolument aveugler d'abord afin de pouvoir ensuite le coucher méthodiquement sur le sable » ; il déroula, le vétéran, toutes ses capacités, & l'on eut une seconde édition de certaine lutte mémorable, datant déjà de plus d'un an, avec cette différence près qu'au lieu d'avoir affaire au novice des Pierrières, dont la force surnaturelle annihilait toutes les combinaisons du routier, celui-ci se trouvait en présence d'un fin matois qui, non-seulement connaissait & pratiquait tous les trucs licites ou non, mais bien d'autres encore ! aussi ce jeu, très pénible & très mesuré malgré d'apparentes violences, sembla-t-il, aux impatients traîner en longueur & se changea t-il, pour les satisfaire, en un combat désordonné. Lors on revit « le brutal » d'autrefois. Si ses camarades disaient souvent de lui qu'il était homme à vous casser un membre pour avoir le plaisir de vous le raccommoder, ils durent changer d'avis ce jour-là : car leur aîné avait la mine d'un « tranche-sec, » qui certes ne rebouterait rien après avoir tout débouté. Le farceur ! il se plaignait à tout propos, & ce, depuis son retour de Beaucaire, où pourtant il s'était fort distingué, de manquer de souplesse, & jamais once, zèbre, orang outang ou sarigue n'avait gambadé comme lui. « Voyez-vous, mes petits, on décline ; on a des chevrons & mon échine n'exécute plus ce que ma cervelle invente : on se rouille ! » Allons, allons, on savait à quoi s'en tenir maintenant sur ces doléances, & bien que son poil, plus touffu qu'au temps jadis, si c'était possible, eût passé du gris de fer au blanc d'argent, la bête était toujours aussi leste que solide, &, pardi ! « Poléon le parfumé, » qui versait des flots de sueur par tous ses pores, n'en ignorait pas, lui.

— L'antique, dit-il, une minute !

— Oui, tiens, en voici deux !

Et le vieux barbu bûcha : coups de hanche, aceinturage par devant, tours de bras, aceinturage par derrière, étouffage à la Chancellerie, abattage en douceur & collier de force, opposition de buste & même crocs-en-jambe, il usa de tout puisque l'autre en usait. Oh ! lui, maître Ignace, autrement dit Martin, & plus familièrement encore Martinowski, que l'eau de Cologne & le patchouli n'avaient point efféminé, se moquait bien des mauvaises odeurs ! & Monsieur des Vidanges eut beau lui souffler aux naseaux son haleine corrompue par les sucs de la nicotine & les crasses du schnick, il ne fit point la fillette ni le fillet & ne se trouva pas mal. La lutte à terre ? oh ! si c'est ça que tu demandes, sois servi, cul-de-jatte, & vogue à tes souhaits en pleine glaise sur les deux fesses ; on t'embrène ici comme ailleurs !

— Soigne-le, dit la foule, tanne-le !

Heureux d'obéir, « Maître Rageur » le soigna, le tanna comme un vrai mégissier, & quand « Cuir-Tanné », qu'une pareille détrempe à l'écorce de chêne avait amolli singulièrement, eut assez mangé de poussière & qu'il eut perdu le goût de ce pain indigeste & peu substantiel, le rude ouvrier de Castelnau de Berbéjac, en Gascogne & non en Pologne, ainsi qu'on pouvait le croire à ses prénoms & surnoms, se mit sur pattes, &, comme un âne du pays de Lomagne, braya...

— Hardi, lascar, hardi !

— J'entends ! on va continuer, &, dès que ce sera fini, nous recommencerons.

En effet, ça continua, cessa, puis recommença. L'heure des atouts scientifiques était venue. On en reçut, on en rendit, ensuite on passa, petit à petit, sans barguigner, à la longue série des guet-apens & des coups de Jarnac. « A renard, renard & demi ! Si t'es Normand, je suis Gascon. Entendons-nous ? Après le procès. Hé bien, attrape, mon cher ; empoche, pif ! paf ! pouf ! Une, deux, trois, quatre. » Il en pleuvait, des taloches, il en grêlait, des horions, tant & tant & si bien que le gourmand en eut assez. « Ah ! tu fouines ? en ce cas, c'est le moment de rebourrer ! » & celui qui bredouillait entre ses dents ce rocailleux soliloque, se développa. Quelle furie ! Il fallait voir ça. Bien équilibré sur les orteils, il pugnait des coudes à ravir &, quand il joua du jarret & de la caboche, à l'instar de Nabucho, celui-ci tomba...

— Tu l'as, il y est, « Tristan » !...

Il y était presque en effet. Un effort encore & c'eût été fini. « N° 2 » avait gagné ! Par malheur, le pustuleux, ayant tordu ses vertèbres, se dégagea de l'étreinte, & le peuple alors, convaincu que, pour clouer sur le carreau ce pestiféré qui fusait comme de la bouse de vache sous les sabots d'un bidet, le maillet du

« N° 1 » était indispensable, surgit sur les banquettes & signifia sa volonté. Vainement l'ancien, désolé, criait qu'on lui volait la victoire, il fut contraint à quitter la lice & l'on réclama :

— Monseigneur !

— Attendez-le sous l'orme, souffla d'une voix rauque Trompe-la-Mort. Attendez-l'y... jusqu'à matines.

— Hé ?

— Ni maintenant ni plus tard, S. A. ne fignolera par ici.

— Qu'en sais-tu ?

— Je le sais.

— Expose !

— On y va ; mais laissez-moi d'abord me rafraîchir un peu la gueule.

Et l'impudent, ayant tiré de son caleçon de combat une feuille de « papel de hilo », lentement y roula quelques bribes de tabac belge ; ensuite, au moyen d'une allumette puisée en la même blague & qu'il fit partir en en grattant de l'ongle le phosphore, il embrasa cette pipette...

— Eh bien, donc?

— Ce *flémart* ne viendra pas aujourd'hui, parce qu'il a peur de moi ; c'est un lâche !

— Un couard, lui ? tu mens !

Et le Loyal-Espagnol, ayant bondi par-dessus la balustrade & les athlètes y rangés, saisit à la gorge l'insulteur.

— Halte, ordonna la foule, halte-là !

— Carajo ! coño ! fulmina Blas, hors de soi, s'il ne fait pas des excuses, je l'étrangle net.

— Toi, m'étrangler, puce ?

— Oui, morpion.

— Ah! dit quelqu'un, puisque c'est votre envie, tapez, les petits agneaux, tapez !

Et la foule moutonnière :

— Allez-y.

— Pardon, il s'agit de s'entendre, intervint de nouveau le régisseur des arènes ; si c'est un duel au dernier sang que vous voulez, l'administration, trop faible pour s'y opposer de vive force, proteste contre de telles joûtes, interdites d'ailleurs par les autorités; au contraire, si c'est une lutte régulière que vous exigez, nous y consentons de plein gré; toutefois, en ce cas, la prime, défendue par... « N° 3, » sera réduite à deux mille francs; ainsi pas d'équivoque ici; nous disons : deux mille francs.

— Accepté! clama le public, espèces défalquées & franc assaut!

— Très bien, alors.

Si « la Bourse ou la Vie », irrité de voir qu'on rognait sans cesse l'enjeu, se mordit les lèvres, le Castillan, humilié, pâlit :

— Un tel affront à moi? je ne le méritais point; n'importe, j'irai !

Puis, toujours brave, il s'élança...

— Courage, ami, courage !

Et l'Ours-du-Nord, humide des baves du lépreux, ayant gravi précipitamment les soixante marches de pierre, enfila le couloir qui mène de la plate-forme aux loges où se vêtent les lutteurs, &, rencontrant là Narcisse Upi, qui se rendait en bas, derrière les balustres, il lui demanda si le retardataire n'était pas enfin arrivé ?

— Non, répondit l'interrogé, je suis là depuis les trois coups & je ne l'ai pas vu.

— C'est elle, encore elle, qui nous vaut ça ; cette chamelle !... oh !

Là-dessus, le vieil Arribial, tout pantois & tout crispé, s'étant laissé choir sur un banc de marbre scellé dans le maçonnage, enfonça ses mains en sa crinière épaisse, & songea...

« Si l'Ornement-des-Cochers hâblait souvent, il ne hâblait pas toujours, hélas ! A pointe d'aube, ce jour-là, trois lutteurs en goguette, Iquem, Mascaron & Barcarô, sortant d'une maison de filles en laquelle ils avaient passé la nuit en compagnie de Nabuchodonosor III, qu'ils y laissèrent endormi sur les pendilles d'une borgnesse tzigane appelée Uranie & surnommée Aiguise-Lames, s'étaient cassé le nez contre une riche berline verte qui franchissait à fond de train la porte Latine & dévalait vers la Zyænne par la côte de Paris. Une pâle brune, aux yeux de feu, pressant sur son sein on ne sait quelle grosse & laide poupée coiffée d'un bonnet à poil, leur sourit du dedans de cette voiture, &, se penchant à la portière, les regarda longtemps. Sans qu'elle s'en aperçût, un fin mouchoir que froissaient ses doigts s'était envolé parmi l'herbe d'un talus, à bord de route, & ce mouchoir qu'ils avaient ramassé portait à l'un de ses coins, brodées à la main, ces deux initiales : A. M. avec une couronne de marquise au-dessus... ah ! ce n'était pas une craque ça, mille dieux ! l'on avait vu ce carré de batiste, aux arènes, on l'avait palpé tout à l'heure ! En rapprochant l'aventure des trois noceurs de celles publiées par monsieur Pascalou, bien des points s'éclaircissaient ; tonnerre ! il n'avait pas menti, l'Auvergnat ! Aglaé de Montauriol, la gouine à ventouse, après s'être gorgée une dernière fois du sang de sa victime, s'était donné de l'air, &, pour ne pas languir en voyage, elle avait enlevé Dom Kiki, cette louve! Où s'établirait-elle, aussitôt débarquée? En Bretagne, à l'ombre d'un couvent, prétendait le piffre de Saint-Flour; un conte! On n'avait nul besoin d'elle en ce moustier-là. Les nonnes sont de sages & blanches créatures, qui ne recevraient point cette noire & fausse converse. Il se pouvait cependant qu'avec des protections d'évêques & de cardinaux, la grande dame se fît ouvrir toutes les grilles du monastère. Alors il se passerait de belles farandoles chez les Sœurs ! Elle leur apprendrait la savantasse, pour peu qu'elles voulussent s'instruire, un très joli métier. Ah! les nobles pratiques! Une vermine de son espèce était capable de corrompre & de ronger toute une brigade de saintes. Où qu'elle nichât, en définitive, on n'aurait pas la paix du ciel, le diable avec elle habitant la maison, & non pas le Bon Dieu! Bref, elle ne se trouvait plus à Mauhors, & c'était là l'essentiel. Lui, le gars, qui ne l'avait pas suivie, en était délivré. Délivré? peut-être! Honoré-la-Valeur

& Ballu Coupe-la-Chique, un peu moins de deux heures avant l'ouverture des arènes, l'avaient entrevu dans la rue du Poids-de-l'Huile, en face d'une affiche de théâtre décorée d'images qu'on venait de coller à l'un des murs du Capitole, & c'était là que, sur l'indication de ces deux godailleurs, son mentor l'avait rejoint & salué de la sorte : « On ne te croyait pas si stylé ; depuis quand sais-tu lire, toi, gamin ? » Au lieu de répondre à cette plaisanterie, le fils avait pris entre les siennes les mains paternelles & s'était mis à geindre de telle façon que « le parrain », au courant déjà de tant de choses, avait compris de suite que si ce tourtereau peinait ainsi, c'est que sa tourterelle était partie. « Un verre de clairet ou de brumeux, à ton gré, te remettra ; viens, suis-moi. » L'enfant alors avait marché comme un corps sans âme, & tous les deux, bras dessus, bras dessous, étaient entrés chez la Mère des Saltimbanques, veuve Yolay, qui leur avait servi sur son comptoir d'étain une demi-bouteille de fine blanquette de Limoux. Ils trinquèrent, burent, &

quand la fiole eut été tarie : « Au revoir, vieux, dit le rousset ; on m'espère & je n'aime pas à faire espérer les gens. » « Eh bien, va ; mais où nous retrouverons-nous ? » « Au cirque, vers trois heures. » « Est-ce que tu lutteras tantôt ? » « Oui, pardieu ! » « Malgré tes jambes qui flageolent & ta mine de déterré ?...» Sans relever cette observation amicale, il avait filé tant bien que mal, le langoureux, & les deux prunelles qui s'acharnaient après lui le virent s'arrêter de nouveau devant l'affiche aux images, en dépouiller le mur & disparaître avec elle comme une ombre dans le passage souterrain qui, partant de la Roche-Urbaine, aboutit au delà des remparts, sur la rive gauche de la rivière, non loin des Hautes-Berges. En vain celui qui n'aurait pas dû le perdre de vue s'enfonça-t-il dans la crypte & réveilla-t-il les noirs échos qui dorment là-dedans, on ne lui répondit rien, il ne découvrit personne, & voilà tout ; explique le reste qui devinera, car le reste semblait inexplicable. Oui ! pour que ce noble ouvrier, si doux, mais si fier, & toujours à cheval sur sa parole d'honneur, manquât le rendez-vous par lui-même assigné solennellement la veille au « mangeur de blanc », il fallait, ma foi, qu'il fût... Eh! dame, on pouvait tout supposer! & la vieille ganache qui, certes, avait eu grand tort de le laisser s'engouffrer tout seul sous la voûte qui des cimes de la ville décline vers le fleuve, en serait arrivée à croire qu'il trempait en pleine eau; mais non, heureusement pour tous comme pour lui, pécaïré! il n'avait pas eu cette folie, il ne s'était pas noyé, puisque deux ou trois minutes avant que le joyeux carillon des Tours-Sarrasines sonnât none, Esaü Bigorre & Saint-Barthélemy-Décrochez-Moi-Ça l'avaient rencontré sur la place des Centaures & s'étaient entretenus avec lui. « Je monte, allez, précédez-moi, leur avait-il dit d'une voix brisée, en montrant le colisée où la foule entrait à flots, soyez tranquilles; quoique assez mal fichu, je compte bien n'être pas moins heureux aujourd'hui que je ne le fus hier; encore quelques secondes & vous verrez ça...» Dès lors, on n'avait plus entendu parler de lui...

Qu'était-il devenu ? Mystère ! Où se tenait-il ? Les sorciers seuls n'en étaient pas ignorants ; & voilà que l'ombre des styles marquait quatre heures de relevée aux cadrans de tous les clochers & de tous les belvédères. Ah ! quelles transes ! quelles affres ! En provoquant cette espèce de Boustrapa que l'Ultramontain sans doute brossait ferme en ce moment, tron de Dieu ! Chevronné-Dru, lui, n'avait eu qu'un but : allonger le tapis & fatiguer assez le bâtard d'on ne sait qui pour que ce faux aigle refusât de s'empoigner avec le vrai, si, par cas, celui-ci, se présentant en lice, voulait, quoique courbaturé, batailler quand même & dépenser son dernier chyle en combattant. Hélas ! à quoi tant de combinaisons avaient-elles servi ? l'hypocondriaque n'était pas revenu ; peut-être même ne reviendrait-il jamais, le cruel ! Oh ! quelles tracasseries ! Avait-il quitté l'endroit & poursuivait-il son abominable Dulcinée ? Eh ! non ! il ne serait pas parti comme ça sans embrasser ceux qui l'aimaient tant ; il n'aurait pas déguerpi sans dire adieu, mille misères ! au Mal-

Léché, son tout dévoué professeur d'escrime &, pour n'en pas dégorger plus, sa fidèle bête de garde... O saints ! ô saintes ! où campait-il ? où gisait-il ? où donc, où donc ?...

Quoiqu'il suât à grosses gouttes, en se questionnant ainsi, le patient avait froid, &, glacé de pied en cap, frissonnait comme un fiévreux, tandis qu'en désordre, à la débandade, un essaim de pensées se levaient, bourdonnaient sous son crâne en tous sens, obscures, changeantes, fugitives, insaisissables. Ah ! c'est que, si ce noble & rude va-nu-pieds, blanchi sous les coupoles des bâtiments antiques & hâlé par l'air âpre des longues routes parcourues sous le ciel aveuglant du Languedoc, avait été, dans sa carrière, témoin de bien des gabegies, & si sa bonté native, le dominant toujours en dépit de certains instincts farouches & même sanguinaires, n'avait pas laissé de lui donner mainte tablature, il ne s'était jamais senti travaillé de la sorte, non jamais ! En ses oreilles, en toute sa cervelle bruissait une rumeur pareille à celle des ondes torrentueuses qui se brisent contre les digues sous Mauhors, entre les Grands-Moulins, & son cœur, tendu, ronflait comme un tambour. Allait-il être attaqué, lui, l'individu, de cette maladie effrayante appelée le haut mal, laquelle avait emporté, voilà vingt & un ans, son taciturne & vénéré maître Héliboï, le Commandeur-de-Loubéjiôc, qui dormait le dernier sommeil là-bas, à Nîmes, sous une pierre tombale, au milieu du cimetière des huguenots, ou bien était-il menacé d'un de ces accès furieux auxquels son premier compaing, Gyscla Sans-Merci, venait de succomber à Toulouse, en l'hôpital des fous? Eh! fort possible, en vérité, cela !..

— Voyons, voyons, il ne s'agit pas de battre la breloque; assistons-nous, un peu de calme! & tâchons de mieux raisonner.

Raisonner! il y parvint à force de vouloir, & soudain, après de longues spéculations nébuleuses suivies d'un court délire, une idée claire & vive naquit en son cerveau...

— J'y vais, s'écria-t-il, j'y vais !

Se mouvant aussitôt, il gravit quatre à quatre les quinze ou vingt degrés d'un escalier de fer en spirale, &, s'étant heurté, dans sa précipitation, contre un épais huis clos, il s'en écarta pensif, intimidé. Là, derrière les ais de cette porte de chêne noir, régnait, élevé sur les indestructibles murailles de l'antique cirque romain & donnant en plein sur la lice, un assez vaste local auquel on accédait de deux côtés, savoir : 1º du dehors, par des marches de granit débouchant sur le pavé de la chaussée des Sagittaires ; 2º du dedans, par cet étroit boyau que masquaient les statues de marbre sises sur la plate-forme, autour de l'Hercule d'airain datant des vieux âges. Or, seul entre tous les athlètes de la troupe, le Principal résidait aux arènes, où l'administration, afin de l'avoir toujours à la main, avait exigé qu'il logeât, &, là, même, sous ces combles, était son domicile, dont, excepté ses deux intimes, encore ne s'étaient-ils permis d'y venir que mandés ! aucun autre n'avait jamais franchi le seuil. « Y pénétrer par bris, par effraction, rien de moins aisé ; pourtant, cela se pouvait, oui ! mais une telle audace serait-elle pardonnée un jour ?... » Et celui de qui la résolution était proverbiale, hésitait.

— Ah ! dit-il enfin, en surmontant ses indécisions, assez barguigné ! l'on saura !... c'est moi ! c'est moi, m'ami !

Personne ne répondant à cet appel, l'indiscret frappa deux ou trois légers coups sur les vantaux &, respirant à peine, attendit. On avait marché, lui semblait-il, à l'intérieur du réduit & l'on y marchait encore. « Hep ! hep ! » Pas de réplique. Il cogna plus fort, avec ses poings d'abord, avec ses pieds ensuite ; &, comme nul bruit de pas, de voix, ne se produisait, il s'ingéra d'écouter & de regarder par le trou de la serrure...

— On sait. Il est chez lui ! la clef branle en dedans ; li y a quelqu'un ! Aboie, brame ou piaule, mignon, je le veux ; il le faut, c'est pressé !

Néant à la requête ! Hé quoi ! se moquer ainsi des

terreurs lancinantes d'un suppliant! Enfoncer la barrière, oh! si l'on n'eût été retenu jusque-là par un trop sot sentiment de respect, elle eût depuis longtemps volé de toutes parts en éclats.

— Eh bé, péteras-tu?

Ni mots, ni mouvements! Sandi, mais alors ce n'était plus du tout ça. Parbleu! s'il ne donnait pas signe de vie, c'est que, de deux choses l'une : ou ce possédé était en commerce avec la Tentatrice déjà de retour, ou bien il avait à tout jamais perdu le verbe & l'action ; oh! cela, c'était clair comme le jour! Rester davantage en un tel doute & vivre ainsi pour mourir quinze fois à la minute, oh! que nenni! Tant pis! si, tôt ou tard, S. M. se fâchait; on lui dirait m...iel! à la rigueur.

— Rallie, chevelu, sinon, pour moi, plus rien de sacré! je casse tout ici!

Le chevelu ne *rallia* point.

— Tonnerre! une... deux... & trois!... tu l'as voulu!

Le choc fut tel que la lourde porte cuirassée, de clous à maugère, céda, s'abattit, se fracassa, vis, pêne, gonds, serrure & verrous ayant été descellés du même coup.

— Et, moi, me voilà !

Puis, encore effrayé de sa hardiesse, « le sacrilège » entra dans une vaste pièce carrée, haute, froide, & dont les trois larges baies ogivales planaient sur la vieille cité gauloise, en face de ces monts célèbres où jadis le généralissime romain, forcé dans son camp retranché par les Rutènes, debout & nus sur leurs chars à bœufs, avait failli périr avec tous ses centurions bardés de fer. Un lit de sangles, quelques chaises de bois blanc, une table de noyer composaient tout l'ameublement de cette sévère demeure, aux cloisons de laquelle appendaient, fanées, les nombreuses couronnes de métal : or, argent & bronze, arrachées à l'enthousiasme populaire & conquises sur tant de rivaux par le roi de la lutte. En regard de ce mobilier rudimentaire, alignées sur deux rangs au long du mur, une vingtaine de grossières enluminures qui, d'après l'ordre chronologique, magnifiaient les gestes de l'Epée : — Horace immolant les Curiaces à l'orgueil de Rome ; Léonidas avec ses Spartiates aux Thermopyles ; Brenn courbant les petits-fils de la Louve ; Annibal monté sur un éléphant sacré de Carthage, & franchissant les Pyrénées au milieu de ses cavaliers numides & de ses frondeurs baléares ; Machabée, refoulant à la tête d'une poignée de Juifs soulevés les hordes innombrables de Nicanor ; l'esclave thrace, Spartacus, brisant ses chaînes ; Hermann, exterminant les légions de Varus dans les forêts de Teutburg ; Aétius, triomphant des Huns aux Champs-Catalauniques ; Charles-Martel, écrasant à Poitiers les Musulmans d'Espagne ; Witikind, le Saxon, bravant, sous Cologne, les Francs de l'empereur carlovingien ; Pélage protégeant, à Xérès, la retraite des Visigoths ; le Cid Campéador assiégé dans les gorges de Teruel par les émirs de la Péninsule ; Richard Cœur-de-Lion, plantant sa bannière sur les créneaux incendiés de Saint-Jean d'Acre ; le sarrasin Malek-Adhel, frère du sultan Saladin, taillant en pièces les

Croisés aux portes de Jérusalem ; Bertrand du Guesclin, le bon connétable, délivrant la France de l'Anglais ; Gonzalve de Cordoue, chassant les Mores de Grenade ; Bayard, le chevalier Sans-Peur & Sans-Reproche, au pont de Garigliano ; Jean-Bart s'élançant, la hache d'abordage au poing, sur le navire amiral de l'ennemi ; Marceau, le sans-culotte imberbe, chargeant à bride abattue les carrés impériaux aux plaines de Fleurus ; la Tour d'Auvergne, le premier grenadier de la République, conduisant à l'assaut sa colonne infernale ; Ney, précipitant ses cuirassiers, à Waterloo ; puis enfin avec ses Mille, au cœur de Palerme, sous le ciel de Sicile, Garibaldi, la Chemise-Rouge ; — accostaient les portraits daguerréotypés de deux autres braves, plus modestes sans doute, mais non pas, certes, moins magnanimes : Antonio Blas & l'Ours-du-Nord, en harnais de bataille. Amoncelées sous ces figures héroïques, des linges jonchaient le sol carrelé, plus loin s'étendaient des hardes diverses, qui d'un côté, qui de l'autre ; ici, tout un équipement de forestier du Rouergue : épieu de cormier, chapeau de feutre noir à larges bords, sayons & braies de toile blanche, corne de chasse, gourde avec bandoulière, guêtres de basane & brodequins ferrés en cuir de veau; là, des engins de lutteur : huit à dix ceintures omnicolores, une en peau de buffle avec des anneaux de chanvre, une paire de caleçons de combat & plusieurs écharpes aux couleurs de l'invincible athlète : or & feu; puis enfin, brillantes, étalées sur une feuille de papier écolier fixée au moyen d'épingles contre la courte-pointe qui recouvrait le grabat, en lequel on n'avait couché ni la veille ni les nuits précédentes, car une araignée courait au milieu de sa toile tissée entre les linceuls & le traversin, une chaîne de filigrane de cuivre avec une médaille d'étain où souriait, parmi de petites têtes d'anges, celle plus grande & si bénigne de la vierge Marie, « conçue sans péché ». Trois lettres, visibles sous leurs enveloppes non cachetées, avaient été posées au chevet du lit, & la première portait cette suscription : « A ma sœur Habelane ! » On lisait sur le pli de la seconde : « A mon ami le Loyal-Espagnol. » Et quant à la troisième, l'intrus, aussi tremblant qu'une feuille de peuplier au souffle de la tramontane, y déchiffra son propre nom, & c'était l'écrivain public établi près la cour du Capitole, au coin de la rue du Poids-de-l'Huile, où le père & le fils avaient trinqué le matin chez la veuve Yolay, c'était ce grapignan interprète ordinaire des baladins illettrés, & dont les jambages énormes faisaient la joie des sapeurs de la garnison & des bonnes payses, nourrices à Mauhors ; c'était ce menu scribe qui les avait griffonnées toutes les trois. « Ah çà ! Colas était-il donc parti ? parti sans espoir de retour, puisqu'il laissait un souvenir à chacun de ceux qu'il aimait & dont il se savait aimé ; parti, le méchant, sans embrasser personne, pas même son vieux sermonneur ; oh ! l'ingrat, l'ingrat !... » Tout à coup, percevant autour de lui, malgré les nuages opaques qui dansaient devant ses brûlantes prunelles, une foule d'objets indistincts, celui qui se désolait avec tant d'amertume, entrevit à deux pas de soi, sur la table, un chiffon rouge : « Hé quoi! le morceau d'affiche illustrée que le malheureux avait ôtée, dans l'avant-midi, de l'une des façades du palais communal ? » Oui, c'était bien la même image : un jeune amant en pleurs se traînant aux pieds d'une inhumaine qui le nargue & le fuit; & plus bas, sur le même carré blanc : ce pauvre garçon expirant le front troué d'une balle... O mon Dieu! qu'est-ce que tout cela voulait dire ? & que signifiait encore cette bande de papyrus collée avec des hosties sur le pan de l'affiche de théâtre; bande découpée à l'un des placards que l'administration des arènes faisait apposer chaque matin aux quatre coins de la ville, & sur laquelle, imprimés en forts caractères aussi larges que la main, s'enlevaient ces mots :

OMPDRAILLES

LE

TOMBEAU-DES-LUTTEURS

Oh! par le Sacrifié! par I. N. R. I.! par le juste &

trois fois saint pendu! ces lettres-là, pâteuses & pleurardes, ressemblaient beaucoup à celles que l'on grave sur les pierres cruciales des sépultures! Seigneur Eternel, ayez pitié de moi!... » Le soupçon affreux qui visitait cet angoissé l'ébranla de fond en comble, &, ballotté comme un fêtu par la tourmente, il trébucha, chancela, chut; puis, soulevé de nouveau, rencontra sous ses doigts frémissants le loquet d'une porte à vitres dépolies, qui tourna, stridente, sur ses charnières.

— Il est peut-être là, souffla-t-il en se poussant dans une sorte d'antichambre assez mal éclairée, & fort cave : Albe! Albe!

Une autre porte, entrebâillée celle-là, recula soudain devant le vieux brusquiaire qui s'avançait à tâtons comme un aveugle, & presque aussitôt de maigres langues de lumière se répandirent dans une chaude salle à plafond bas, sans fenêtres, & dont les inflexions indiquaient qu'elle était assise sur les deux courbes murailles du cirque, l'intérieure & l'extérieure, séparées, en tout leur circuit, par un large chemin de ronde.

— Où es-tu, mien ? où donc... ?

Comme on n'y voyait guère en cette ténébreuse retraite, l'obstiné perquisiteur ferma ses yeux encore éblouis du jour vif d'à côté, puis, les ayant rouverts, il les fixa sur l'ombre la plus dense, & tôt après ceux-ci, habitués à l'obscurité, distinguèrent une à une toutes les richesses fantasques dont il était entouré dans ce magnifique nid, où ne manquait que l'oiseau...

« Dieu ! quel coin ! & comme on l'avait décoré ! Jadis, au temps de la maladie incompréhensible du beau Clitandre, il ne recélait qu'une armoire boiteuse, avec trois méchantes cadières, dont l'une dépaillée, & maintenant il y avait de tout & du joli ! Ces glaces, ces statues en marbre, ces lustres, ces globes, ces candélabres, ces meubles d'ébène & d'ivoire, ces damas chamarrés d'or, ces sophas œillés d'argent, & là-bas, au fond, ce grand panneau de cristal ; ah ! tout cela c'était chic ! & le plafond donc ! où de rubiconds chérubins ailés, à cheval sur de gracieuses palombes, s'embrassaient à tire-larigot; & cette prodigieuse lampe d'acier, tordue comme un serpent autour d'une colonne, & qui descendait en zigzags au long de la paroi, cette lampe à vingt bras, à cent becs, devait, allumée, luire comme un soleil au-dessus de cette crédence d'albâtre où s'empilaient tant de coupes, aussi légères que des dentelles, & tant de cocasses flacons à demi remplis de liqueurs aussi jaunes que l'ambre & plus roses que des roses... roses. Sainte Félicité, patronne tutélaire du Rouergue & du Quercy, quel luxe ! En voilà des cadres de taille que le doreur avait plaqués de feuilles blondes ! en voilà des tableaux de première qualité ! celui-ci, pas besoin d'être un fin clerc pour en saisir le motif : un géant endormi rêve & se croit dans les jardins célestes de Mahomet, tandis qu'une beauté le tond. Dieu me damne ! ça, pardi ! c'était Samson, le fléau des Philistins, déplumé par l'astucieuse Dalilah ! puis, à l'autre bord, en ce gaillard si bien musclé, filant une quenouille, on reconnaissait illico le mauvais coucheur des anciennes époques, en train d'en conter à certaine nymphe appelée... appelée... Ah! ma foi, bernique, on ne sait plus; son nom commence par un O ! Tiens, tiens, en face, il s'y carrait encore, le casseur d'assiettes assommant des hydres & des lions avec une branche d'olivier pesant de trois à quatre quintaux! & cet Hercule-là, milliard de dieux! ressemblait triat pour trait à celui des pics d'Aujols ; ah! c'était tout à fait ça ! même bourre & même museau! crédi! quelle œuvre affinée de main ouvrière ! & soignés aussi tous les bibelots d'alentour, y compris ces tapis si mous, lesquels, si l'on n'avait pas été tant estomaqué, l'on aurait véritablement pris plaisir à trépigner un brin!... N'est à plaindre, fichtre! qui peut se payer de tels joujoux! Si minable qu'on soit, on comprend, on prise le bien-être, & tout meurt-de-faim serait capable d'en jouir autant que n'importe quel richard. Essaye de céder ta place à ce maigriot, &

tu verras, ventru !... Mais ce qu'il y avait de plus caressant & de plus agréable à l'œil, là, c'était un dodo comme on n'en fabrique guère à Mauhors ni nulle part, aussi spacieux qu'une chambre d'auberge & blasonné, peste ! à l'instar de ceux, fort rares aujourd'hui, qu'on admire par ci, par là, dans les gentilhommières de certains porte-perruque de l'ancien régime ; un meuble antique, quoi ! fouillé par d'habiles cisailles, & sentant tellement bon qu'il fallait, de force ou de gré, triples chignons ! élargir la narine & le flairer. Rien de mieux établi & de plus commode que cette litière ! On y pouvait naître, s'y reproduire, y crever à l'aise, &, positivement, ça flattait plus qu'un matelas de corps de garde ou que la paillasse d'une estimable gueuse. Il n'y a pas à dire : mon bel ami ! c'était artistement conditionné de haut en bas ! On s'y juchait au moyen d'un marchepied perdu sous des peaux de martre zibeline, & si roides en étaient les rideaux où s'ébattait une ronde de pantins, mâles & femelles, qu'ils se tenaient d'aplomb comme des murs, &, bien que la trame en fût douce & soyeuse, on les eût dit de tôle ou de fer-blanc ; corbleu ! ça provenait peut-être de ce qu'ils étaient pourvus intérieurement d'une quantité de miroirs ; il y en avait, il y en avait partout : au chevet, aux pieds, au ciel, à la ruelle, à babord, à tribord, en proue, en poupe, & sur les bastingages. Ah ! vraiment, enfermés, tourterelle & tourtereau, dans cette curieuse alcôve, il leur était facile de se croire en une cage de verre, comme aussi de se voir de la nuque aux orteils quinze mille fois, si ce n'est plus, parmi ces plaques unies frappées par la lumière parfumée d'une forêt de bougies & de girandoles y incluses. Sapristi ! la drôle d'invention ! nom d'un passereau ! sans compter qu'entre les draps de satin noir, étendus sur les couëttes entassées, sous ces courtines, elle & lui devaient se paraître aussi blancs que des statues de neige. Oui, si la pernicieuse donzelle ne valait point tant seulement la corde pour la pendre, elle n'en était pas moins une magicienne fort entendue ! & lui, le tendre énamouré quand elle le serrait là tout cru contre elle, il se figurait parbleu ! ça se devine, être en paradis. Allez, vous autres, qui prêchez la morale, allez donc ne pas aimer une citoyenne qui se montre si peu vêtue au milieu de tant d'éclairs, & puis tâchez de l'oublier, si, par hasard, elle se refroidit & vous plante là. Cher petit !... où qu'il campât, il devait bien souffrir, en se rappelant cette chaude paillarde si cossue ! Un paour épris d'une princesse & couchant avec ! un ver de terre amoureux d'une étoile, comme on dit à la comédie, & l'étoile se livrant au vermisseau, ça ne se voit pas tous les jours en ce bas monde ! Or, comment voulez-vous qu'après avoir goûté d'une enchanteresse si musquée, on aille se frotter avec plaisir à quelque gouge bête comme une ânesse & sale comme un peigne !... Heureusement qu'on ne meurt pas d'amour, & que les blessures ouvertes par une infidèle se ferment toutes seules ! Il guérirait, l'endolori, là-bas, au loin, en Grésigne, sur le Rocas hanté des corbeaux & des colombes, aux bords de la Veyre si verte & si chantante ; il se consolerait vite, auprès de sa saine & fière sœur, l'honnête Habelane, aussi pure que le lys de la Vallée-aux-Fauvettes & plus belle que l'aurore ; amis, parents & connaissances, y compris Casso-Poulos, ce chien des chiens, chacun s'empresserait de l'égayer à qui mieux mieux, & bientôt, autour de lui, solidement réparé, le soir, à la veillée, on se délasserait au fond des bois peuplés de bêtes meilleures que les gens, sous le ciel toujours étoilé de ce pays béni ; puis là, mes enfants, au printemps comme à l'automne, en hiver comme en été, quelle cocagne ! à bas tout esclavage, & vive la liberté !... »

— ... la sainte Liberté !

Tout à coup, le songeur rasséréné qui répétait ce finale avec allégresse & marchait à grands pas, s'enfonçant jusqu'à mi-jambe dans les laines moelleuses sous lesquelles disparaissait le parquet de mosaïques, s'arrêta.

— Qu'es aco ?

Ses pieds avaient rencontré dans un angle une sorte de bourbe, & glissé comme s'ils se fussent appliqués sur une éponge imbibée d'eau. Quelle impression bizarre ! Il se sentait les chevilles mouillées d'un liquide tiède & gras.

— Eh ! mais...

Se trouvant alors assez loin de l'huis par où seulement cette pièce concave reçoit du jour, auprès de cette portière en cristal qu'il avait, en s'introduisant là, tout d'abord aperçue, & derrière laquelle, à moins que le pinacle n'eût été modifié depuis un an, existait une cellule en surplomb des galeries & confrontant à l'arène, l'homme, en train d'affollir, se rapprocha vite du seuil &. se pencha pour discerner dans la pénombre quelle matière humide & gélatineuse engluait ses orteils.

— On les dirait teints en noir !...

Instinctivement il y posa sa droite &, l'ayant sentie, il l'appliqua tout humectée à ses lèvres.

— Salé ! qu'est-ce ?...

Et, d'un bond, le dément traversa l'antichambre & s'examina, bouleversé.

— Cristi !

Ruisselants ses talons se gravaient en rouge sur les briques grises & mates du carreau...

— Je te veux ! où es-tu ?

... Rétrograder vers le pan de cristal enchâssé dans une boiserie, y coller les mains, le cramponner, l'ébranler, l'extraire & l'abattre émietté, trois secondes lui suffirent pour cela. Seule, une tenture de velours cramoisi lui barrait encore le passage. Y toucher, à celle-là, terre & cieux ! il n'osait pas ; fermant l'œil, il s'y contraignit enfin ; arrachée, l'étoffe lui resta dans les doigts, &, malgré lui, ses yeux condamnés se dessillèrent.

— Au secours ! bégaya-t-il aussitôt en tombant foudroyé sur les genoux ; à moi ! señorito ; j'ai peur, au secours !

Soudain il se redressa, plus blême qu'un fantôme de cire, entra dans la logette & rampa vers une baignoire en marbre blanc, contre laquelle, en caleçon de lutte, & nu comme au combat, le jouet à la fois & le fétiche des Maudurques, héritiers des passions latines, gisait, poignardé.

— Petit, ô Petit!...

Et, péniblement arrivé jusqu'à son bien-aimé, qui portait au cou ce même médaillon semé de diamants dont il était paré le jour où, dans la lice, on l'avait vu s'évanouir sous les faibles poussées du Chacal-de-Monaco, le vieillard l'étreignit timidement, lui descella les paupières, lui tâta le cœur, lui chercha l'haleine &, tout épouvanté, lui baisa la bouche, où tremblait une mousse rosée...

— Aïe! aïou!

Puis deux ruisseaux de larmes coulèrent sur la face ravinée de ce rude athlète, éploré comme une veuve & palpitant comme une mère devant son enfant expiré !

— Tué? toi, mort ?

On affirme, serait-ce vrai? que les désespérés ont

une seconde vue. En proie à la plus cruelle affliction qu'il eût jamais encore éprouvée en sa vie tissue de misères & de deuils, cet être borné qu'illuminait sa clairvoyante douleur, reconstitua sur-le-champ, avec une merveilleuse lucidité, le suicide dans ses moindres détails & perçut tout ce qui s'était passé. La fin violente de ce candide amant abandonné par la plus atroce des maîtresses & que toute autre qu'elle eût conservé comme la prunelle de ses yeux, il s'en rendait compte à présent, il y assistait, il la voyait & l'aurait pu décrire à tous sans se tromper d'un iota. Voici, voici : dans la matinée de ce jour néfaste, entre neuf & dix heures, quand lui, le vieux stérile, en quête de son jeune adoptif, l'avait trouvé par miracle au coin de la rue du Poids-de-l'Huile, & devant l'affiche placardée sur l'une des murailles latérales du Capitole, le garçon, n'ignorant certes pas en ce moment que l'odieuse drôlesse, dont malheureusement il était plus féru que jamais, avait quitté la ville en emportant sous ses jupes princières, non moins souvent troussées que celles d'une fille publique, Dom Kiki, ce nabot des Quinconces, aussi laid qu'un pou; le calamiteux garçon, trop sensible, hélas ! subissait alors mille supplices &, sûrement, il était déjà décidé, malgré tout, à s'occire. Honoré-la-Valeur & Ballu, qui l'avaient accosté là, Bigorre & Saint-Barthélemy, qui plus tard l'entretinrent sur la place des Centaures, ne s'étaient point abusés : il avait dû rentrer sous son toit au moment même de l'ouverture des grilles. A peine chez lui, seul avec ses tourments incurables, il s'était probablement dit que l'honneur lui commandait de descendre une dernière fois dans la lice, & voilà pourquoi, pécaïré, il avait dépouillé ses habits bourgeois & revêtu son mince fourniment d'histrion; oui, mais à l'aspect des objets familiers qui lui rappelaient la porte-malheur sans laquelle vivre lui paraissait impossible, il ne s'était pas senti, sans nul doute, le courage de caracoler en public; &, ma foi ! résolu, calme, intrépide, avec ce sourire résigné que la glaciale mort n'avait pas encore figé sur ses lèvres, il s'était occcupé des funèbres préparatifs. Une relique laissée à sa blonde sœur, la forestière; un souvenir offert à son frère d'armes, le tramontain; une pensée filiale adressée à son quasi consanguin, le patriarche des arènes : « Adieu, père & maître, à jamais adieu! je pars & t'embrasse *in extremis;* » il avait mis les pieds dans sa tombe. Oh! là, dans cette logette, vrai berceau d'amour, où, si souvent, entre les bras de la mauvaise femme, il s'était cru le plus heureux des hommes & le plus royal des rois, quelle n'avait pas été son agonie en revoyant autour de lui tant de choses qui lui parlaient d'elle! Ici, pleine encore d'une eau limpide fleurant la verveine & le thym, étincelait la profonde baignoire en marbre blanc, incrustée de toutes sortes de métaux, où, la veille encore, cette sirène maudite à qui ne faillaient, pour figurer exactement la sifflante Mélusine, que la queue d'une guivre & la langue bifide du Cornu, s'était immergée, alléchante, enivrante à damner un saint; & là, pêle-mêle, appendues à des patères écaillées & vertes comme les hydres dont elles avaient la forme, se tordaient ses mantelles de batiste, si fines, si transparentes, qu'au travers de leur trame son corps souple & perlé devait poindre, comme une aube, de la cime aux orteils; enfin, plus loin, au-dessous d'une étonnante glace de Venise, bombée & polie comme les boucliers en acier des anciens guerriers, s'étalaient sur les rayons d'une mignarde étagère en bois de rose, ornée de fleurs & d'oiseaux fabuleux en émail, force coupes & force bassins ciselés autour desquels rôdaient une kyrielle de petites boîtes en or, en argent, en tout ce qu'on voudra, garnies de poudres & de pâtes jaunes, bleues, violettes, blanches, rubines, & quantité de liqueurs mirifiques en de menus flacons gentiment travaillés, un véritable arsenal de galante, quoi! pour s'huiler, s'embaumer, se rajeunir, se plâtrer l'estomac, se friser le crin & se rincer le museau; bref, pour se ragaillardir le système & se faire ragoûtante autant que possible! Oh! rien n'y manquait, & c'est de là, ventredieu! que Mme Hume-Tout sortait à moitié nue, & qu'elle allait, aussi fraîche qu'une

innocente jouvencelle de quinze ans, & mille fois plus
engageante que si sa nudité de catin experte eût été
complète, recevoir, dans la somptueuse niche voisine,
au fond du grand lit à miroirs, son invincible lion,
encore tout fumant & tout écumant de la victoire...
O le pauvre martyr! au lieu de s'étendre pour y râler
de souffrance, entre les suaires noirs & satinés de
cette couche infernale où la savante impudique s'ingéniait à l'hébéter de plaisir, il avait préféré, qui n'eût
compris pourquoi! s'assassiner en ce juchoir secret,
d'où si souvent, à l'insu de tous, elle dirigeait les
batailles à son gré. Lamentable victime! avant de
s'entailler, il avait probablement jeté par le volet
entr'ouvert de la chambrette un suprême regard sur
la lice où son premier rival, devenu le meilleur de
ses dévots, & son dernier vaincu, rebut de toutes les
lies, étaient aux prises ; & peut-être, s'entendant appeler par la population impatiente de l'applaudir,
avait-il amèrement considéré ce théâtre où l'humble
tâcheron de la Grésigne s'était acquis tant de gloire, &

vaillant, entre les plus vaillants, avait mérité le noble titre que nul désormais, n'arborerait, à l'instar d'un panache ou d'un étendard, aux quatre vents, celui de *Tombeau-des-Lutteurs*... Se souvenant alors de ses innombrables triomphes, & pour rendre hommage sans doute à sa première maîtresse, la foule ! inconstante, volage, elle aussi, de même que les autres, il avait décroché la meurtrière lame, un fer forgé sur le patron des glaives antiques & dont Mauhors, un jour, lui fit cadeau dans les arènes, & s'en était-il percé, bravement, ainsi que Brutus, autrefois, & comme tous ces grands désolés qui ne surent survivre à la perte de quelque idole : une amante, une mère, un ami, la cité, la religion, la patrie ou la République ! Ah ! faux Dieu, toi qui ne protéges personne, il tomba ! Bien que l'avaleuse en eût, la veille, pinté joliment il en avait encore dans les veines, avant de se férir, le chéri, car son poignard, l'arme votive, l'arme honorifique, l'arme fatale ! enfoncé, d'une main sûre au cœur, avait, à peine échappé d'entre ses doigts défaillants, été repoussé violemment, hors, presque, de la gaîne de chair, & le sang, tout le sang, alors libre de s'épancher par la plaie béante, avait jailli comme une fusée jusqu'aux lambris d'appui, d'où maintenant il refluait goutte à goutte au long de plusieurs rigoles vermillonnant la muraille, & venait se perdre sur le carreau, dans la mare écarlate où le cadavre était noyé... »

— Fils ! fils !

Et, tout navré, prostré, hagard, aveugle, aphone, aboli, ses séniles mains tremblantes appuyées sur le cœur arrêté du mort, le vieil orphelin de l'âme du héros, & de sa propre âme à soi, car les deux n'en composaient qu'une seule, croyait voir rouler & tourbillonner les exquises babioles dont la cellule était pleine & la cellule idem. Malgré son anéantissement, il avait déjà remarqué, cependant, tout ce qui traînait là : les axonges, les cosmétiques, les essences, les élixirs, les fards, les mixtures, les baumes, l'*aqua serafica*, les mille ustensiles de toilette, épiloirs, houppes de toutes formes, crayons de toutes nuances, éponges, rapes, godets, épingles à cheveux, fers à calamistrer, tout enfin, tout, hormis un cadre ovale à moitié enfoui sous des voiles légers & dont les ors atteints par quelques rayons obliques lui prirent soudain les prunelles. « Hein ? » Il écarta machinalement des peignoirs de mousseline, des jupes de tulle, des robes de gaze, des plaids écossais, des tissus algériens, & regarda.

— Toi, dragon, toi?

C'était la marquise, en effet; triomphante, exposant ses lombes velues & bises, arrondissant ses seins fuligineux qui paraissaient, en vertu de l'artifice infini du coloriste, chargés de soufre & de salpêtre, elle se coudait sur des peaux de bêtes fauves, & ses pieds divins, quoique fourchus, jouaient avec la crinière énorme d'un ex-tyran de l'Atlas. Il avait fallu qu'elle se dé poitraillât de haut en bas & qu'elle se montrât nue comme un ver, telle qu'elle était née, au peintre, afin que celui-ci pût la tirer si bien; non, rien de

plus saisissant que ce chef-d'œuvre, inspiré par l'amour ou, qui sait ! peut-être par la haine ! Impossible de faire mieux & si frappant. On l'avait un peu grandie, & cependant c'était ça ! Pour la reconnaître, il suffisait de l'avoir aperçue une seule fois au Cours ou là-bas, au Temple ! Horrible & belle, elle était reproduite là dans toute son horreur & toute sa beauté ! Vivante sur la toile, elle y respirait & s'y vautrait. Ah ! c'était bien elle, nerveuse, maigre, pâle comme une trépassée ; c'étaient ses dents vipérines, son col ondoyant à l'égal de celui des cygnes, ses narines dilatées ainsi que celles des épagneuls ou des braques suivant au galop le gibier à la piste, ses traits mâles, son casque de poils bruns & laineux, sa toison moutonnée où s'épanouissait & se dardait une vulve volcanique ayant des insolences viriles ; ses sourcils barrés, ses yeux, ses yeux sataniques aussi noirs que la nuit, plus phosphorescents que des pierreries, lesquels criaient : j'ai faim ! j'ai soif ! & d'où s'exhalaient, aigus, fols, sensuels, un torrent d'effluves; enfin, ses lèvres duvetées, charnues, humides, encore que brûlées, dévorantes, qui semblaient se délecter au goût de la proie, saigner... & ce n'était point un rêve, non! elles saignaient : une goutte de sang frais & vif les rubéfiait ; en expirant, le Grand-Blond, toujours servile, avait payé son dernier tribut au vampire, à l'insatiable femelle, dont les regards incendiaires, capables de réchauffer le plus blasé libertin, ne savaient mordre sur l'impassible célibataire qui la toisait froidement...

— Inri-Dieu! l'on se nargue de tes incantations! Essayes-y, tu verras! Si les *serpentes* de ton acabit avaient affaire à des limes aussi dures que moi, ça serait bientôt réglé, va !

Le succube ouït-il ces apostrophes proférées à la face de son effigie, on eût juré que sa bouche, où se caillait la goutte de sang accusatrice, s'était plissée de dédain; & que ses pupilles irradiaient agrandies, bravant l'infime qui la bravait.

— Tiens !...

Et, ressuscitant avec toutes ses brutalités, l'Ours-du-Nord, ainsi qu'il se fût rué sur une créature humaine, sauta, gencives découvertes, orbites allumés, sur le portrait de cette chienne aristocrate & le broya ; toile, bois, peinture, dorure, il pulvérisa le tout entre ses griffes, hélas ! trop impuissantes, puis cette malédiction & ce blasphème jaillirent ensemble de sa gorge en feu :

— Vorace !... ah ! s'il y avait quelqu'un dans les nuées ; *démone !*...

En cet instant, une clameur immense monta du fond du Cirque.

— Arrive, fainéant, hurlait avec un singulier accent le peuple en furie, arrive donc, déserteur, pour défendre ton drapeau !

Que signifiait ce *tolle* général ? le doyen passa sa tête convulsée, livide par la lucarne de la logette, & ses regards, inspectant l'arène, y furent témoins d'un autre spectacle accablant. Etendu sur le dos, les omoplates collées au sol, le Castillan venait de succomber, & sur lui s'assouvissait honteusement Louis Véru, vainqueur. Humilier ainsi l'ami, le frère, le lieutenant du Tombeau-des-Lutteurs, c'était humilier le Tombeau-des-Lutteurs lui-même.

— Ici! mugit de nouveau la foule, impatiente de voir venger l'injure faite au maître en la personne de l'un de ses disciples; avance ici, l'on te veut, toi, du Rouergue!

Et tous les champions fameux que le Comtadin, autrefois, avait, en les subjuguant, ameutés contre lui-même: Yul l'Arête, Edouard La Baliste, Unciels, Ijex Longue-Avoine, Ail l'aîné, les deux Upi, Mandragore, Antricon-Balastor le Terrible Bossu de Saint-Jean d'Angély, Pharnacope le Fléau-des-Dévorants, Sanito, Le Bœuf, Fuzetta, Montbars le descendant des Boucaniers de la Havane & l'Exterminateur-des-Forts, Irbigny l'Enfant posthume du Supplicié, Digliol l'Anthropophage, Halte-Là, Garde-à-Vos, Esprit Tallu, Sans Nom l'ex-bourreau, Py le Bigame, Hill, Erdaou le Fils du Moine & de l'Abbesse,

Ymial le Mangeur de Feu, Robert le Diable, Henry le Cossu, Juvion, Navali le Bergamasque, André Pôvre, Ustripiers le Géant du Mont-Blanc, Quadragale, Avindorou, Job le Relaps, Zacharie l'Invulnérable, Hey, Vié le Circoncis, Saraü le Philosophe & Feu-Ardent, tous, abjurant à jamais leur vieille haine, tendaient les bras vers la plate-forme &, suppliant celui qui les avait éclipsés de venir mâter l'infame Faiseur-de-Lois, se crevaient les poumons à répéter ce vain appel :

— Le Carrier ?

— Recueillez-vous, répondit des cimes de l'édifice une voix enrouée & lugubre, il s'apprête, il va venir, Hercule !

Un sanglot, quel sanglot! suivit ces paroles déchirées, &, pendant que le Bourreau-des-Faubourgs, effaré, plongeait ses mains avides en l'urne aux sous, & que, tout meurtri, le Loyal-Espagnol remontait avec effort les soixante marches de pierre, athlètes & spectateurs, tout ce monde tumultueux, ayant encore dans l'oreille le timbre de la voix formidable descendue des combles, braqua les prunelles sur le sommet de l'escalier monumental où bientôt allait poindre le vengeur annoncé.

— Qu'entend-on?...

Il était près de six heures du soir; éparses, quelques ombres crépusculaires se mêlaient aux gloires du couchant, &, si, tout là-haut, l'amphitéâtre à peu près enseveli dans un clair-obscur, était sur le point de se confondre avec la crête des murs d'enceinte, en bas, le balustre de la lice où convergeaient, ensanglantées, les ultimes lueurs du soleil, flambait, embrasé comme le ciel.

—... Ecoutez !

Un pas lourd, très lourd, incertain, inégal, avait retenti, retentissait au fond du corridor planchéié, confinant à la plate-forme, en ce moment ruisselante de rubis, d'opales & d'azur.

— Il vient, il est là !

Presque aussitôt une étrange silhouette se profila sur

le pyramidion, & tous les deux : Ignace mourant, transportant entre ses bras paternels Albe mort, surgirent, tragiques, dans les flammes solaires, au faîte du Colisée...

— Ho !

Ce cri de terreur salua la spectrale apparition, & Nabuchodonosor III lui-même, atteint de panique, laissa tomber dans la poudre l'argent qu'il avait gagné...

— Dieu ! Dieu !

Sanglant & blême, Ompdrailles, son sein percé pleurant de longues larmes vermeilles, ses cheveux roux flottant sur ses épaules rigides, son front ceint de l'une de ces guirlandes de chêne si vaillamment conquises jadis, assez semblable, vue de loin, à la Couronne d'Épines, rappelait le Christ descendu de la croix, & saintement nouée à la manière hébraïque, autour de ses flancs, une large ceinture pourpre achevait de lui prêter la figure auguste du Crucifié ; jamais, vivant & combattant, il n'avait été si grand ni si beau !

— C'est lui! Lui! regardez-le! voilà ce qu'en a fait une sangsue!

Et, tandis que Blas éperdu baisait les pieds à l'imposant cadavre, Arribial, pareil à quelque apôtre avec ses vénérables mèches de poils blancs, le tenant pieusement sous les aisselles, l'offrait à la muette adoration de la foule.

— Oui, reprit-il, menaçant & pénétré, la Montauriol! la Scorpione!...

Immobile, pétrifié, le peuple considérait encore le prestigieux défunt, de qui, frappée d'un rayon céleste, la tête aussi triste, aussi bénigne que celle de l'Agneau, s'entoura d'un nimbe, & dont la barbe blonde resplendit comme un buisson d'or, lorsque, au dehors du cirque, une cloche voisine, bien connue, un beffroi qui jadis annonçait les déclarations de guerre, le gros bourdon de Notre-Dame de Mauhors, sonna lentement un glas sépulcral...

— A genoux!

On s'agenouilla ; quelqu'un récita le *De profundis*

& dit, en montrant celui qui n'était déjà plus qu'un souvenir:

— *Requiescat in pace!*

Puis, chacun se leva, sortit des arènes, en silence, & tout le monde, sans s'être donné le mot, marcha délibérément vers l'hôtel de la rue au Xyste, auquel on mit le feu. Vainement la garnison, accourue au son du tocsin, essaya-t-elle d'éteindre l'incendie : il ne resta rien, absolument rien du fangeux habitacle où s'étaient passées tant d'orgies, & l'on dressa sur ses ruines calcinées un poteau, portant cette inscription énigmatique :

Avis a la Haute!

Inscription & poteau se trouvaient encore là, sous la République, en 1873, époque à laquelle un certain de Broglie, étant premier ministre & duc, ces marques insignes de la colère d'une ville disparurent, & l'on voit aujourd'hui sur l'emplacement du palais détruit une chapelle que, rentré dans les ordres, & devenu tout-puissant à Paris comme à Rome, le R. P. Ulpien d'Isarn, un des premiers amants de la luxurieuse dame, a fait ériger avec l'obole des chastes plébéiennes du pays, en l'honneur d'on ne sait trop quel Sacré-Nombril.

Paris, 1867-78.

Achevé d'imprimer
LE 26 MAI 1879, PAR CINQUALBRE, RUE DES ÉCOLES, 54.

www.ingramcontent.com/pod-product-compliance
Lightning Source LLC
Chambersburg PA
CBHW050910230426
43666CB00010B/2109